AF464738

ANALYSE DES EAUX THERMALES D'AIX EN SAVOYE.

1773.

ANALYSE
DES EAUX THERMALES D'AIX EN SAVOYE,

DANS LAQUELLE ON EXPOSE

Les diverses manières d'user de ces Eaux, la méthode & le régime de vivre qu'il convient de suivre pendant leur usage, & les différentes Maladies pour lesquelles elles sont employées ; avec plusieurs Observations qui y sont rélatives, pour en constater les propriétés.

Par M. JOSEPH DAQUIN, Docteur en Médécine de la Royale Université de Turin, Médécin de l'Hôtel-Dieu de Chambery, & Secrétaire perpétuel de la Société d'Agriculture de la même Ville.

Plures ad Balnea mitto ex meis ægrotantibus ; alii ut laventur, alii ut primò paulùm sudent in stufâ Balnei, deindè Balneum tepidæ statim ingrediantur ; & sic hæc pro morborum & temperamentorum varietate eisdem impero.

BAGLIVIUS, *de fibr. motrice specimen.* Lib. I, Cap. 12.

CHAMBÉRY,

De l'Imprimerie de M. F. GORRIN, Imprimeur du ROI.

Avec Permission.

AU ROI.

SIRE,

Pouvois-je espérer que ce foible Essai, que VOTRE MAJESTÉ *m'a permis de* Lui *présenter, parût sous des Auſpices plus favorables? Étoit-il une Époque plus brillante, que celle de Votre Avènement à la Couronne? Digne* SUCCESSEUR *du Grand* ROI, *dont les Vertus héroïques ont fixé l'attention de l'Europe entière; Vous les poſſédiez, elles faiſoient déja l'ornement de Votre vie privée; elles n'attendoient pour éclore, paroître dans tout leur éclat & exciter l'admiration, que le Rang Suprême où Vous êtes monté. Tous Vos pas ont été marqués par des Traits de Grandeur & de Bienfaiſance; & déja ſemblable à Titus, Vous comptez perdus les jours où Vous ne pouvez faire des heureux. Quels glorieux commencemens d'un Règne à jamais mémorable! Quels préſages aſſurés du Bonheur dont vont jouir les Peuples ſoumis à Vos Loix! Oui,* SIRE, *aucun Monarque ne peut compter plus que Vous ſur leur amour; Vous êtes leurs délices; & les acclamations publiques annon-*

cent à l'Univers, que Vous avez reçu tout-à-la-fois leurs hommages & leurs cœurs.

Que l'Éloquence préconiſe ! Que la Poëſie célébre Vos brillantes Qualités ! Que toutes les Sciences & les Arts réunis ſe diſputent à l'envi l'honneur de publier la Gloire d'un PRINCE *qui, comme un autre Auguſte, les a cultivé, les chérit, les favoriſe ! C'eſt le juſte tribut de la vénération & de la reconnoiſſance. La Médecine, cette Science qui s'occupe à ſoulager les maux attachés au deſtin des mortels ; la Médecine moins heureuſe, mais plus modeſte, mérite d'autant mieux de participer à la Protection que Vous accordez aux autres, qu'elle a plus d'analogie avec la ſenſibilité de Votre Ame : Ses travaux ne peuvent que veiller à la conſervation des jours précieux de* VOTRE MAJESTÉ : *Qu'une ſanté inaltérable les mette pour jamais à l'abri de ſes ſécours !*

JE me croirois trop heureux, SIRE, & mon ambition ſeroit ſatisfaite, ſi, en méritant Votre Approbation, je pouvois en même tems devenir utile à l'Humanité; aurois-je pû conſacrer mes veilles à de plus nobles motifs? Comme c'eſt Vous qui avez encouragé mes premiers Travaux, c'eſt à Vous qu'ils devront auſſi tout leur ſuccès.

JE ſuis avec le plus profond reſpect,

SIRE,

DE VOTRE MAJESTÉ,

Le très-humble, très-obéiſſant, très-fidelle Sujet & Serviteur,

DAQUIN.

PRÉFACE.

IL n'eſt pas rare que le haſard, ou quelques circonſtances particuliè-res, aient été l'époque de pluſieurs découvertes, ſoit dans les Arts, ſoit dans les Sciences de différente nature: Telle ſituation & tel évènement ont ſouvent fait naître des idées, & entreprendre des travaux auxquels, peut-être ſans eux, on n'auroit jamais penſé. De ce nombre eſt l'Ouvrage que je donne aujoud'hui au Public; il doit ſon origine à un cas des plus fâcheux: Une Mère que j'aime tendrement, & qui le mé-rite par toutes ſortes de raiſons, fut ſur la fin de Mai 1770, & dans le tems où je me félicitois le plus de ſa bonne ſanté, frappée tout-à-coup d'une hémiplégie du côté droit: Après avoir employé les principaux remè-des, je ne vis d'autre reſſource, pour hâter ſa guériſon, que les Eaux d'Aix. Mais me défiant, dans cette occaſion, de mes propres lumières, je conſultai ceux de mes Confrères que je savois avoir le plus d'expérience sur ces Eaux, qui tous furent d'accord avec moi, qu'il falloit l'y conduire promptement : Le danger où elle étoit, le devoir, & qui plus est, mon état, exigeoient que je l'y suivisse, afin d'être à portée de parer à tout ce qui pourroit arriver. Isolé dans cet endroit, & réfléchissant sur les propriétés de ces Eaux, que je ne connoissois, comme tout le monde, que pour des Eaux Minérales chaudes, dont plusieurs malades venoient user ; je me déterminai à en faire l'Analyse, & formai le projet de la mettre au jour (*a*).

DEPUIS longtems ces Eaux sont regardées comme très-salutaires dans plusieurs maladies; & cette réputation, acquise à juste titre, n'a pû s'établir que sur des guérisons bien constatées & bien surprenantes. L'expérience n'est-elle pas en Médécine, plus que partout ailleurs, le guide duquel on ne doit jamais s'écarter ? *Experientia rerum magistra.* Il est donc évident que ceux à qui, jusqu'ici, on a conseillé ces Eaux, n'avoient

(*a*) Je dois ajouter que ce qui m'y engagea encore, fut M. de Montfort, Lieutenant-Général au Service de S. M. qui, étant à Aix pour une chûte, & m'ayant invité à dîner, me disoit qu'il étoit surpris qu'on n'eût jamais rien écrit de bien précis & de bien détaillé sur ces Eaux.

d'autres garans de leur efficacité, que les expériences réïtérées qu'on leur alléguoit; & il n'eſt pas moins certain que les Médécins ne les ordonnoient que par une ſorte d'empiriſme, puiſque la compoſition du remède leur étoit inconnue. Or, je demande s'il eſt prudent, & s'il n'y pas, au contraire, une témérité dangéreuſe à preſcrire ce qu'on ne connoît pas? *Medicina tota eſt prudentia.* Je frémis moi-même de la facilité avec laquelle je les ai conſeillé quelquefois ſur la ſimple tradition verbale. Il n'y avoit donc qu'une Analyſe de ces Eaux, qui pût nous faire marcher d'un pas aſſuré, en nous décélant les différens corps qui les compoſent; & de cette différence en tirer des raiſonnemens qui, alliés avec l'expérience & l'obſervation, font la certitude de la Médécine théorique & de la pratique. Je ſens & j'avoue ingénument, que la charge que je me ſuis impoſée, eſt au-deſſus de mes forces; je ſai de plus qu'une Analyſe bien faite eſt le problème le plus délicat de la Chimie; mais on n'a rien à ſe reprocher, quand on y a mis toute ſon attention, & qu'on a agi de bonne-foi: C'eſt alors un malheur attaché à la nature humaine, ſi on n'a pas réuſſi ſelon ſes déſirs. Quel plaiſir, au contraire, ne ſera-ce pas pour moi, ſi j'ai pû parvenir à me rendre utile à la Société en général, & en particulier à mes Concitoyens? J'ai d'abord commencé, dans cette Analyſe, par rendre compte des différentes impreſſions que les Eaux font ſur les ſens; enſuite, des moyens connus en Chimie, & qui ont été employés à ce ſujet; tels ſont les acides minéraux, les teintures & les ſels de différente eſpèce: Les expériences ont été faites ſur les lieux mêmes; je les ai répété pour plus de ſûreté, & les réſultats ont toujours été les mêmes.

MAIS afin que la diſpoſition de cet Ouvragre offrît à ceux qui en feront uſage, une expoſition claire de ce qu'il contient; voici le plan que j'ai ſuivi: Je l'ai diviſé en trois Parties, & chacune eſt ſous-diviſée en différens Articles. Dans la première, après avoir dit quelque choſe ſur l'eau commune, ſur les ſignes auxquels on reconnoît ſa bonté pour l'uſage ordinaire, & les précautions à prendre pour en corriger les mauvaiſes qualités; on y traite des Eaux Minérales en général; de la ſituation de celles dont il eſt queſtion, de leur Analyſe proprement dite, des expériences dont on s'eſt ſervi, & de leur action phyſique ſur le Corps humain.

DANS la ſeconde, on y détaille les différentes manières de prendre les Eaux; la méthode qu'il faut ſuivre dans leur uſage ; & le régime de vivre à obſerver pendant qu'on les prend : ce qui a engagé à parler des ſix choſes non-naturelles.

ENFIN, la troiſiéme Partie expoſe les maladies, où les Eaux ſont ſalutaires, priſes extérieurement & intérieurement : On y a joint en même tems des Obſervations qui y ſont rélatives; & elle eſt terminée par une deſcription des cas & des circonſtances où ces mêmes Eaux ſont nuiſibles & dangéreuſes, ſoit qu'on en uſe à l'intérieur, ſoit à l'extérieur.

PRÉLIMINAIRES.

DEPUIS que la Chimie a été dépouillée de ses vieilles réveries, & qu'elle est revenuë des anciens préjugés, sous le joug desquels elle étoit comme asservie: dépuis que ceux qui se sont donnés à son étude, en ont séparé le merveilleux & les fables dont elle étoit remplie: dépuis enfin que la cupidité n'a plus été le but de ses recherches; cette science a toujours fait des progrès sensibles, & s'est élevée au dégré de perfection où elle est aujourd'hui. Semblable à un astre brillant, dont les rayons sont vifs & pénétrans, elle a percé à travers les nuages épais qui l'envéloppoient dépuis longtems, dissipé les chimères & les ténèbres qui l'obscurcissoient; & acquérant chaque jour de nouvelles forces, par les nouvelles découvertes qu'elle faisoit, elle a enfin déchiré le voile de l'ignorance qui la couvroit. On ne doit pas être surpris que cette science ait fait des progrès si lents, & ait été, par conséquent, si peu utile dans son origine, si l'on considére que ses phénomènes les plus importans, sont en même tems souvent les moins sensibles : Cachés par la nature sous une espèce d'envéloppe, ils ne se montrent qu'à ceux qui savent les appercevoir ; & ils ne sont, pour l'ordinaire, apperçus que par des yeux exercés à les observer. Une des causes qui nuisit surtout beaucoup à l'avancement de la Chimie, malgré les efforts surprenans & les découvertes admirables que firent les Chimistes, fut le désir de faire de l'or: l'ambition leur inspiroit, sans doute, que l'art pourroit former ce métal, de même que la nature ; & les prodiges qu'ils voyoient naître chaque jour de leurs travaux, leur donnoient même une espérance assez raisonnable d'y réussir. Ils pensoient voir la perfection de toute la Chimie, dans ce qui n'en étoit que la solution d'un problème particulier : Ils annonçoient même dans leurs livres, qu'ils alloient en parler très-clairement ; mais ils se donnoient bien de garde d'en rien faire : & ils se croyoient même des Chimistes éclairés & savans, tandis qu'ils n'auroient été, s'ils avoient réussi, que de simples faiseurs d'or. Quelques-uns même d'entr'eux ne pouvant trouver ce qu'ils cherchoient, tournerent leurs vûës du côté de la Médécine universelle, la plus folle, sans doute, de toutes les idées qui soit jamais entrée dans la tête des hommes, mais qui fut cependant l'époque d'où l'on doit dater le commencement d'une Chimie sensée & raisonnable, & qui, dès-lors, procura quelque utilité à la science de guérir. Dans un siécle aussi éclairé que le nôtre, cette chimère n'existe plus que dans la cervelle des fourbes & des charlatans, ou dans celle de quelque imbécile de bonne-foi, qui n'auroient, pour se désabuser, qu'à ouvrir les yeux; & ils verroient que, puisque le mouvement donne au corps humain un commencement, il faut, de toute nécessité, que l'action de la vie, *vis vitæ*, lui fasse prendre une fin, & qu'il est une limite que nul moyen physique ne pourra jamais franchir.

QUELS avantages & quels sécours pour les maladies du genre humain, n'auroient pas retiré de cette science les hommes, si, plus sages & plus désireux d'en diminuer la somme, ils s'étoient attachés, dès sa naissance, à connoître ce qui composoit les différens corps naturels, & appliquer cette connoissance aux différens bésoins de la vie? Et de combien de remèdes ne seroit pas aujourd'hui enrichie la Médécine, si on étoit parti de leur décompoſition pour fixer leurs vertus & leurs qualités nuiſibles ou ſalutaires?

COMME la matière ſur laquelle la Chimie travaille, comprend tous les corps de la nature, ſans en excepter aucun; c'eſt donc à juſte titre qu'elle a été appellée *la Science de la nature*, ou *Phyſique générale*, & qu'elle doit être ſoigneuſement diſtinguée de ce que communément on nomme phyſique. Car ces hommes, qui ſe vantent d'être phyſiciens, ſans cependant avoir aucune connoiſſance chimique, ſont, comme le dit *Sthaal*, reſſemblans à ces profanes, qui, ſe contentant d'admirer l'extérieur d'un temple, ſans pouſſer plus loin leur curioſité, ſont abſolument ignorans de ce qu'il en eſt, ou de ce qui ſe paſſe dans ſon intérieur, & rient même lorſqu'ils entendent parler des beautés qui décorent ſa conſtruction interne. Perſonne en effet ne peut diſconvenir que la Chimie ne s'étende plus loin que la phyſique ordinaire, puiſque celle-là pénetre juſqu'à l'intérieur de certains corps, dont celle-ci ne connoît que la ſurface & la figure extérieure, *quam boves & aſini diſcernunt*. Je ne crois pas même haſarder un paradoxe abſolument téméraire, en avançant que la phyſique n'a fait juſqu'à-préſent que confondre des notions abſtraites, avec des vérités d'exiſtence, & par conſéquent qu'elle a manqué la nature, nommément ſur la compoſition des corps ſenſibles. Or, ſi on veut découvrir cette compoſition, il n'y a point de moyen plus propre, ni de voie plus ſûre, pour rendre ſenſibles leurs différentes parties conſtituantes, que l'Analyſe, qui n'eſt autre choſe qu'une ſéparation & une réſolution d'un corps quelconque; puiſque c'eſt par elle qu'on eſt venu à bout d'aſſigner à chaque Eau minérale ſa propriété médécinale particulière, pour combattre chaque maladie. D'ailleurs, quoique les connoiſſances chimiques ſe ſoient tellement multipliées; quoique celles que l'on acquiert par des expériences journalières, augmentent ſi fort l'étenduë de cette ſcience, qu'elle puiſſe être regardée, parmi les ſciences naturelles, comme une des plus vaſtes & des plus univerſelles; cependant, comme l'Analyſe des Eaux minérales eſt, de l'aveu de tous les Chimiſtes, reconnuë pour un des plus difficiles travaux de la Chimie; j'ai pris, pour analyſer celles-ci, toutes les précautions poſſibles, afin d'éviter les erreurs qui peuvent ſe gliſſer en opérant, changer leur nature ou altérer les ſubſtances qui y ſont contenuës. En effet, il y a une multitude de cauſes capables de faire varier les opérations: telles ſont les tranſports des Eaux, les influences de l'air, la différence des ſaiſons, l'épuiſement des matières minérales dans les lieux où ces Eaux coulent; ou la jonction de quelque ſource nouvelle, pure, ou chargée de quelque ſubſtance. De-là vient tant de différence entre les Analyſes répetées ſur les mêmes Eaux; ce qui fait que l'on a ſi peu de notions ſur leurs principes & ſur leurs qualités, par le doute que laiſſent après elles toutes ces variétés.

ANALYSE DES EAUX THERMALES D'AIX EN SAVOYE.

PREMIERE PARTIE.

De l'Eau Commune.

L'EAU est généralement connue par tous les Naturalistes, pour une substance transparente, sans couleur, sans odeur & sans saveur : Elle est ordinairement dans un état de fluidité, se laisse aisément pénétrer par toutes sortes de corps, mais surtout par le feu, & devient par conséquent susceptible de recevoir différens dégrés de chaleur. Sa pésanteur spécifique est beaucoup plus considérable que celle de l'air ; ce rapport, difficile à déterminer au juste, n'a pû s'évaluer que par approximation; & dans une région tempérée on a trouvé cette pésanteur 850 fois plus grande que celle de l'air. Elle différe en outre de cet élément, en ce qu'à un certain dégré de froid, elle se condense & devient glace, au lieu qu'on n'a pas encore vû le froid réduire l'air sous une forme solide. La facilité qu'a l'Eau de s'évaporer, fait qu'elle se résoud très-aisément en vapeurs; & l'on doit convenir que la plûpart des phénomènes qu'elle présente, dépend de la configuration de ses particules intégrantes, qu'il est très-difficile, pour ne pas dire impossible, de déterminer.

L'Eau la plus pure qu'offre la nature, est toujours mêlée avec des parties de terre extrèmement divisée: car après plusieurs distilations on en trouve encore dans le vaisseau; il est même très-rare d'en rencontrer qui soit exempte de substances étrangères. On regarde comme la plus pure, celle qui contient ces principes terreux ou salins en très-petite quantité, & qui y sont dissouts de façon à ne point troubler sa transparence: ces Eaux cependant ne portent point le nom d'Eaux Minérales.

On appelle Eau Douce celle qui est claire, limpide & légère, qui ne fait point d'impression sur les sens de l'odorat & du goût, dans laquelle les substances animales & végétales cuisent aisément; qui dissout parfaitement le savon & le quart de son poids de sel marin (*a*). Celle de fontaine posséde le plus ordi-

---

(*a*) Voyez le Dictionnaire de Chimie, à l'art. *Eau de mer*, pag. 378.

nairement toutes ces qualités, & est la plus estimée pour l'usage de la médécine & de la cuisine; on doit donc la préférer à toute autre pour la boisson, parceque l'estomac la supporte beaucoup mieux (*b*). Les Eaux de rivière, de fleuves, & qui sont bien battues, suivent celles de fontaine pour la bonté (*c*); celles qui n'ont pas assez de cours, sont très-dangéreuses, *& vitium capiunt, ni moveantur aquæ*, parceque les insectes surtout y déposent leurs œufs: Pour les dépurer, il faut les soumettre à l'ébullition, elle fait périr les œufs, & évaporer les principes putrides qui peuvent y être contenus; ce moyen vaut beaucoup mieux que les filtres, qui ne leur enlèvent ni ces miasmes putrides, ni les sels & le mauvais goût qu'elles ont contracté.

ARTICLE PREMIER.

Des Eaux Minérales en général.

TOUTES les Eaux, à le prendre à la rigueur, sont minérales; mais on est convenu de n'appeller de ce nom, que celles qui, en sortant de la terre, portent avec elles des substances étrangères, salines, terreuses ou métalliques, qu'elles tiennent en dissolution: Elles sont particulièrement caractérisées par une pésanteur plus grande que l'Eau or-

---

(*b*) Je suis persuadé qu'il y a peu de Villes si bien abreuvées pour la quantité & la qualité de l'Eau, que celle de Chambéry.

(*c*) On pourroit procurer aux Eaux de citerne une espèce de mouvement, en les faisant passer d'une citerne à une autre.

dinaire, par une odeur & un goût que lui communiquent les différens mixtes qu'elles ont diſſouts, & par les effets qu'elles produiſent ſur notre corps, ſoit qu'on les prenne intérieurement, ſoit extérieurement. Comme les métaux ne ſont diſſolubles dans l'Eau, que lorſqu'ils ſont combinés avec quelque acide, & réduits ſous la forme ſaline; il s'enſuit qu'il n'y a pas d'Eaux minérales vraiment métalliques, & que celles qui ſont réputées pour telles, ne ſont, à proprement parler, que ſalines.

Les Eaux minérales différent entr'elles par beaucoup de choſes: Elles intéreſſent, ou par les ſels qu'elles fourniſſent, ou par leurs vertus médicinales; l'un eſt l'objet des travaux en grand, pour en retirer le ſel marin, celui de Glauber ou d'Ebshom, qui ſont ceux qu'elles contiennent le plus ordinairement: l'autre appartient à la pratique de la Médécine, comme médicament.

On diviſe les Eaux minérales, à raiſon de leur chaleur, en chaudes ou thermales, & en froides ou acidules: Les premières ſont appellées en latin, *Aquæ medicatæ calidæ*, ou ſimplement *Aquæ thermales*; elles ſont toujours douées d'une chaleur ſenſible, dont les différens dégrés établiſſent encore une différence entr'elles; puiſqu'on en trouve qui vont au dégré de l'Eau bouillante, & d'autres qui ſont ſeulement au-deſſus de celui de la chaleur de l'atmoſphère: Elles ont preſque toutes l'odeur du ſouffre commun, & une ſaveur qui lui eſt analogue: cette odeur & ce goût ſe font encore plus ou moins appercevoir dans les unes que dans les autres.

La cauſe de la chaleur des Eaux thermales a pendant

longtems exercé l'esprit des Physiciens; il n'est pas trop aisé de l'assigner bien clairement, & l'on n'a même jusqu'à-présent que des probabilités sur ce sujet; cependant il est assez vraisemblable que ces Eaux rencontrent dans leur cours des mélanges de pyrites, qui, étant humectées, tombent en efflorescence, s'échauffent en se décomposant, & leur communiquent un dégré de chaleur plus ou moins grand, suivant la nature & la quantité de ces mêmes pyrites. La chaleur que retiennent ces Eaux, peut être regardée comme une qualité accidentelle, de même que leurs autres principes; car si elles sortent de la terre peu de tems après la décomposition & la déflagration des pyrites, elles conserveront encore leur chaleur & tous leurs principes, & seront alors des Eaux thermales : Mais si après avoir passé sur le lit pyriteux, elles serpentent pendant longtems à travers l'intérieur des terres, peu à peu leur chaleur se dissipera par la rencontre des corps froids; & l'esprit sulfureux volatil, qui est leur principe le plus ordinaire, s'évaporera pareillement; en sorte que d'Eaux minérales chaudes, elles déviendront des Eaux minérales froides, supposé qu'il y ait avec le souffre un mélange de quelques autres minéraux.

PARMI les Eaux thermales, on distingue encore les Eaux minérales savoneuses; c'est-à-dire, qui tiennent le plus souvent en dissolution une espèce de savon résultant de l'union du souffre avec un sel alcali fixe, ou avec une substance terreuse de la nature des bols. Ces Eaux ont toujours une odeur & une saveur désagréable, comme seroit celle des œufs pourris, qu'elles doivent particulièrement au foie de souffre qui y est dissout.

Les Eaux minérales froides ou acidules, ſont celles qui contiennent des ſels minéraux, ſoit à baſe métallique, ſoit à baſe terreuſe, & dont le dégré de froid eſt en même tems au-deſſous, ou du moins égal à celui de l'atmoſphère. On les nomme en latin, *Aquæ minerales frigidæ, vel acidulæ;* & on en diſtingue de pluſieurs eſpèces, ſuivant leurs divers principes. Les Eaux acidules ſont beaucoup plus communes que les thermales; il y en a pluſieurs ſources dans la Savoye; & ſans faire mention de celles qu'on trouve dans ſes différentes Provinces, celles du Chablais, connues ſous le nom *des Eaux d'Amphion*, ſont très-renommées, & y attirent, par leurs ſalutaires vertus, beaucoup d'étrangers. Preſque toutes les Eaux acidules ont un goût de ſtipticité, ſurtout lorſqu'elles contiennent des ſels vitrioliques ou alumineux: Celles où il y a des ſels neutres diſſouts, tels que le ſel gemme, le ſel de Glauber, l'alun, &c. ſont preſque toutes analogues, & produiſent les mêmes effets; on peut même facilement leur en ſubſtituer d'artificielles: Car ſi on diſſout, par exemple, du ſel marin dans une pinte d'eau commune, on forme une Eau à peu-près ſemblable en tout à celles de Seltz, & qui peut remplir les mêmes indications: le ſavant Chimiſte, Mr. Venel, les a, par la même voie, parfaitement bien imité. Il eſt même encore très-aiſé d'imiter celles qui ſont ſpiritueuſes; & ce qui eſt plus ſurprenant, Mr. Le Roy, Profeſſeur en Médecine à Montpellier, vient, depuis peu, de propoſer un Procédé pour imiter les Eaux ſulfureuſes en grand; il prétend qu'avec du ſel marin, & du ſel marin déliqueſcent, on peut en compoſer d'artificielles, qui ne le céderoient point aux Eaux de Balaruc & de Bourbon, si on les employoit de la même manière & au même dégré de chaleur (*d*).

En général les Eaux minérales ont été regardées de tout tems dans la Médécine, comme de très-grands remèdes. L'histoire nous apprend que l'Empéreur Auguste & Horace en userent avec des succès heureux : On croit cependant qu'Hypocrate & Galien ne les connurent que superficiellement ; & il n'est pas douteux qu'elles sont de nos jours employées très-fréquemment, & avec beaucoup plus de connoissance qu'autrefois : Plusieurs de ces Eaux passent même pour des spécifiques dans certaines maladies ; & leur efficacité dévient de jour en jour plus constatée dans nombre de circonstances. Aussi la nature, toujours attentive à nos bésoins, nous en a-t-elle abondamment pourvû, & les a-t-elle distribué dans les différens climats, rélativement aux tempéramens & à la manière de vivre de leurs habitans. Il y a surtout beaucoup d'Eaux minérales en France & en Allemagne ; on en trouve aussi en Angleterre, en Irlande & en Italie ; elles sont rares dans le Royaume d'Espagne. Quiconque est un peu versé dans l'historique de ces Eaux, sait combien est grande la foule des étrangers de tout état, qui accourent chaque année à celles de Spa & d'Aix-la-Chapelle ; & leurs habitans, qui en connoissent la valeur, peuvent seuls évaluer les sommes que chacun y laisse en partant.

(*d*) Journal de Médécine, Novembre 1771.

ARTICLE II.

Du lieu où sont situées les Eaux.

AIX est une petite Ville sur la route de Genève, distante de deux lieuës de celle de Chambéry; elle paroît tirer son nom des Eaux chaudes dont il est ici question, de même que les Villes d'Aix-la-Chapelle, d'Aix en Provence, & des autres où il y a des Eaux minérales froides ou chaudes. Elle est située dans un aspect agréable, au-bas d'une montagne qui est à son levant, & dont elle est éloignée de près d'une lieuë; à son couchant elle a le côteau de Tresserve, qui lui offre en perspective un rideau des plus charmans, à l'extrémité duquel se trouve le Lac du Bourget, qui en rend encore la vûë plus riante: Ce Lac, qui n'est qu'à un quart de lieuë d'Aix, lui fournit abondamment du poisson d'un goût délicieux: Du côté du nord, & en sortant de la Ville, on rencontre des prés & des champs terminés par la colline & le vignoble des Touvières, dont le vin, lorsqu'il est vieux, par conséquent plus léger, a un très-bon goût, se digére aisément, & convient parfaitement aux malades qui sont aux Bains. Le grand chemin qui conduit à Chambéry, se présente au midi, & forme une belle avenue, où chacun va se promener, & respirer un air pur & tempéré; à droite & à gauche sont de petites collines, des prairies & des champs, qui en augmentent encore la salubrité. En général la Ville d'Aix est dans un climat très-propre pour la santé; il y fait plus chaud, & les fruits y ſont généralement plus précoces qu'à Chambéry; elle eſt à l'abri des vents d'eſt par la montagne, à laquelle elle eſt adoſſée; & le Mont-du-Chat, par ſa hauteur & ſon étenduë, rompt le cours preſque conſtant des vents froids & humides d'oueſt, & en diminue beaucoup l'action. Comme la vallée d'Aix eſt reſſerrée entre ces deux montagnes, il doit preſque toujours y règner un courant d'air, qui, ſe renouvellant à chaque inſtant, en maintiendra l'élaſticité; & les vents du nord & du midi, qui doivent le plus ſouvent y ſouffler, chaſſeront les vapeurs qui pourroient corrompre l'atmoſphère. Les environs d'Aix, très-fertiles en grains, lui fourniſſent du pain & de la volaille de bon goût; & les montagnes d'alentour lui procurent en quantité des fruits & un excellent laitage. D'après cette petite deſcription, on peut conclure que les malades y reſpirent un air très-ſain, & s'y nourriſſent d'alimens de très-bonne qualité; deux points abſolument eſſentiels pour contribuer à rétablir la ſanté de ceux qui viennent aux Eaux.

DANS le haut de la Ville, du côté de l'orient, ſortent d'un roc deux Sources d'Eaux chaudes; l'une eſt appellée Eau de Souffre; & on a toujours donné à l'autre, quoique très-improprement, le nom d'Eau d'Alun (*e*). Ces Eaux, juſqu'à leur iſſue, coulent

---

(*e*) Je dis très-improprement, parceque je ferai voir dans leur Analyſe qu'elles ne contiennent point d'alun. C'eſt donc mal-à-propos qu'elles portent ce nom, puiſque les Eaux minérales ne tirent ordinairement leur dénomination que du principe qui y domine, & qui y eſt le plus abondant.

dans l'intérieur des terres, à travers des bois, des champs & des prés, dont elles hâtent, par leur chaleur, sensiblement la végétation. Ces deux Sources sont éloignées de 60 à 80 pas environ l'une de l'autre. On ignore absolument d'où ces Eaux proviennent : ni la montagne qui est au-dessus d'Aix, ni le trajet qui est entr'elle & la Ville, n'indiquent rien touchant leur origine : J'ai consulté là-dessus les plus anciens & les mieux instruits du lieu, & aucun d'eux n'a pû me satisfaire sur ce point. Il y en a qui prétendent qu'elles viennent des Bauges, païs éloigné de trois à quatre lieuës, & qui doit être fertile en mines; mais cette prétention ne me paroît fondée sur aucun fait certain qui y soit rélatif. On trouve bien à un petit quart de lieuë environ au-dessus des Bains, une ouverture soûterreine au milieu d'un pré, de laquelle on voit sortir des vapeurs, & où l'on entend un bruit semblable à une eau qui se précipite : J'eus l'imprudence, étant seul, d'y entrer, dans le dessein de pouvoir découvrir quelque chose; mais comme il est difficile de pénétrer bien avant, soit parceque l'endroit va toujours en se rétrécissant, soit aussi par le grand risquè que l'on court de suffoquer, vû la grande chaleur & la quantité de vapeurs, je faillis à y périr; & je fus contraint d'en sortir bien vite à rebours, étant tout mouillé, pouvant à peine respirer, &, qui pis est, sans en avoir pû retirer aucun éclaircissement : Je pense cependant que si l'on faisoit quelques recherches exactes & suivies, on pourroit peut-être parvenir à prendre la nature sur le fait, & la forcer, pour ainsi dire, de nous fournir quelques idées générales sur l'histoire naturelle de ces Eaux. Les Eaux d'Aix sont très-abondantes; & on ne les a jamais vû tarir dans quelle saison que ce soit: Cependant des éboulemens de terre qui se firent dans leur trajet, il y a quelques années, en interrompirent le cours, & faillirent à en faire perdre la source.

UN incendie ayant détruit la Ville d'Aix, il y a très-longtems (*f*), [l'an 230] le feu consuma les archives, & tout ce qui pouvoit avoir rapport à l'historique des Bains; en sorte qu'on n'a jamais pû en connoître positivement les premiers constructeurs: Cependant on présume que ce sont les Romains qui les ont mis dans l'état où on les voit aujourd'hui, & que ce fut un Domitius, Proconsul sous le règne de l'Empéreur Gratien, qui les restaura. C'est de-là que leur est venu le nom d'*Aquæ Gratianæ*: quelques-uns les appellent aussi *Aquæ Allobrogum*; mais comme ce dernier nom est trop général, & ne désigne pas précisément de quelles Eaux on veut parler, vû qu'il y en a plusieurs autres chez le Allobroges, on peut leur conserver le premier. D'ailleurs, ce qui prouve d'avantage que ces Bains sont un ouvrage des Romains, c'est qu'ils sont construits à la Romaine, & que dans le Château des Marquis d'Aix, on y lit sur les anciens restes d'un arc sépulchral, l'inscription suivante: *Pompeïus Campanus Romanorum Dux*; lequel on assure être enterré là, avec toute sa famille. On voit

(*f*) Il semble que cette Ville doive périr par le feu, puisque depuis lors pareil évènement lui est déja plusieurs fois arrivé.

encore la grosse tour du même Château bâtie sur les ruines d'un temple dédié à Vénus, avec un escalier d'une solidité & d'un goût si analogues à leur génie, qu'il peut passer pour un chef-d'œuvre d'architecture ; on pourroit même le monter à cheval avec beaucoup de facilité.

Il y a quelques années qu'en creusant la terre pour donner un lit à la rivière, on trouva un Bain fait de briques, liées les unes aux autres par un ciment, que le nombre d'années qui se sont écoulées dès-lors, n'avoit point altéré ; ce Bain, d'une forme commode pour un homme seul, étoit en dedans poli comme une glace, & fermé du côté des pieds par une pierre trouée pour donner entrée à l'eau dans le Bain.

On a encore découvert cette année, 1772, des Etuves ou Bains de vapeurs, à cent pas au-dessous de la Source des Eaux dites d'Alun, du côté du midi, sur lesquels on a bâti des maisons. En faisant construire quelques ouvrages dans le jardin d'une Dame de distinction du lieu, on apperçut sous les fondemens du mur de face de sa maison, une ouverture qui communiquoit à des soûterreins : les curieux n'hésiterent point d'y entrer à l'aide de quelques lumières, mais ce ne fut qu'en se glissant, pour ainsi dire, sur le ventre, parceque les terres adjacentes s'étant éboulées & introduites dans lesdits Bains par le laps de tems, n'avoient plus laissé qu'une hauteur d'environ trois pieds de vuide. Dès qu'on est entré dans ce soûterrein, ou trouve deux piéces ; la première qui se présente, est d'environ seize pieds en carré ; la voûte qui la couvre, est soutenue par soixante colomnes de briques, d'un pied de diamètre, & espacées d'environ trois pieds; de sorte que pour avancer dans ledit soûterrein, il faut y aller en serpentant. De cette première piéce on parvient, en tirant sur la gauche du côté du couchant, dans une espèce de salle, séparée de l'autre par un mur, & dans lequel il y a une porte de communication de deux pieds & demi de largeur: Cette salle paroît être de la même grandeur que la première; mais elle est construite différemment, n'ayant des colomnes que dans son pourtour, éloignées d'environ 2 pieds les unes des autres; la voûte qui la couvre exactement de niveau, est plafonnée avec des briques de 18 pouces en carré; dont le vernis est rouge; & dans le mur du fond, du côté du couchant, on y voit trois ouvertures, soit soupiraux, faits en forme de bouche à four, d'environ six pouces de largeur, sur un pied de hauteur: Dans cette seconde salle on a trouvé une de ces briques, qui s'est détachée de la voûte, sur laquelle on lit *Gratianus* en caractères très-lisibles. On remarque d'ailleurs que la voûte de la seconde salle, quoiqu'horizontale & plate, & n'étant soutenue dans son milieu par aucun point d'appui, est d'une solidité extrême, puisque le mur de refend de la maison de ladite Dame a été construit sur son milieu, sans que ce poids immense & le tems y aient donné aucune atteinte. Quoique lesdits soûterreins ne soient élevés que d'environ trois pieds, on voit fort bien que ce n'est pas là toute leur hauteur, puisqu'on ne peut découvrir la base des colomnes, qui est enfoncée dans la terre que les eaux de pluye y ont amené insensiblement: Et l'on est persuadé que si on enlevoit cette terre étrangère, on trouveroit non seulement le parquet inférieur, mais encore des Bains, ou autres travaux de cette nature; ce qui est indiqué par un canal de conduite, fait en ciment, dont le trajet est dans le jardin, le long du mur de face, & qui est recouvert avec de la terre : Ce canal, qui peut avoir quatre pouces de diamètre, servoit vraisemblablement à conduire les Eaux dans lesdites Etuves, soit Bains de vapeurs; il seroit à souhaiter que l'on excavât la terre dont ils sont remplis en partie, on se procureroit par-là un modèle de construction, dont on ne trouve aucun vestige dans les thermes des anciens (*g*).

Tous ces différens monumens n'indiquent pas d'autres auteurs que les Romains; aussi industrieux dans leurs entreprises, que magnifiques dans l'exécution de leurs travaux, ils y joignoient encore une solidité à toute épreuve. C'est à cette dernière qualité que nous leur sommes redevables de ces précieux restes de l'antiquité. On peut encore moins en douter, si on considére surtout le grand usage qu'ils faisoient des Bains, & combien il y en avoit chez eux de publics, dont la beauté & la commodité répondoient à tous leurs autres ouvrages : D'ailleurs personne n'ignore que la plûpart même des particuliers de Rome, pour peu qu'ils fussent aisés, avoient des appartemens uniquement destinés à ce sujet.

(*g*) Cette description vient de m'être communiquée par Mr. Dupuy l'Architecte, qui a été envoyé à Aix de la part de Mr. l'Intendant, pour réparer les Bains à l'occasion de S. A. R. Monseigneur le Duc de Chablais, qui devoit y venir prendre les Eaux en Juin 1772.

Les Eaux de Souffre ſont celles dont on uſe ordinairement pour la Douche : l'endroit où elle ſe prend, eſt un antre taillé, en forme de voûte, dans un roc de la nature du tuf (*h*) : un petit mur diviſe cet endroit en deux parties, dont l'une eſt deſtinée pour doucher les femmes, & l'autre pour les hommes. La conſtruction de cette eſpèce de cabinet pierreux ne contribue pas peu à augmenter l'efficacité des Douches par la circulation des vapeurs, qui ne peuvent s'en échapper que difficilement, & qui, y maintenant une chaleur ſuffiſante & néceſſaire, s'oppoſent au froid de l'air extérieur, qui ſaiſiroit les les malades en Douche, & deviendroit par-là extrèmement dangéreux. Au-bas de la Source des mêmes Eaux eſt un grand baſſin entouré d'une balustrade en fer, dans lequel on peut prendre les Bains; les gens mêmes du lieux s'y baignent en tout tems, & reſtent nuds au ſortir de l'Eau, ſans craindre le froid, à cauſe des vapeurs chaudes de la voûte : il paroît même que ce baſſin a été fait dans cette vûe; que les malades s'y baignoient autrefois, & qu'on n'a ſubſtitué à cet uſage celui des Bains domeſtiques, que par molleſſe, ou peut-être par rapport aux inconvéniens, rédoutés mal-à-propos, qui auroient pû en réſulter, ſi on ſe baignoit en plein air, & expoſé à toutes ſes intempéries. Je ferai voir plus bas les cas dans leſquels il conviendroit de préférer les Bains de la ſource à ceux qu'on prend à la maiſon, & les avantages qu'on en tireroit.

(*h*) Mr. Bomare de Valmont dit dans ſon Dictionnaire d'Hiſtoire Naturelle, au mot *Tuf*, que les ſédimens des Eaux thermales ſont des eſpèces de tufs ſtalactites.

La Source des Eaux dite d'Alun est située tout-à-fait dans le haut de la Ville, & distante, comme je l'ai dit ci-devant, de 60 à 80 pas de celle de Souffre. Il ne paroît pas, si l'on en juge par la construction de la fontaine, qu'elles ayent jamais été employées pour la Douche; car dès leur issue elles tombent d'abord dans un petit bassin, duquel elles coulent par un canal qui traverse sous la rue, dans un beaucoup plus grand, que l'on appelle le Bain Roïal, nom qui lui a été donné, parceque les Princes de la Maison de Savoye s'y sont baignés. On prétend aussi qu'Henri IV. Roi de France, s'y baigna en passant, avec une partie des Seigneurs de sa Cour. Ce Bain, de figure carrée, & entouré d'un parapet, est très-spacieux, & seroit d'une très-grande commodité, si on y donnoit quelques soins; on y descend par des dégrés qui sont pratiqués aux angles du bassin, & qui donnent la facilité de prendre par l'immersion, autant d'eau que l'on veut. Comme ce Bain est dans un lieu beaucoup moins resserré que celui des Eaux de Souffre, & que par cette raison l'Eau y paroît moins chaude en été; de-là vient que les habitans y vont en foule le soir pour se baigner.

ARTICLE III.

Des Expériences employées pour l'Analyse des Eaux des deux Sources.

APRE'S avoir parlé du topographique & de l'historique des Eaux; (deux choses que j'ai crû devoir entrer dans mon plan) je vais exposer le résultat des

des Expériences, ſelon l'ordre qu'elles ont été faites dans leur Analyſe.

1°. En approchant de la Source des Eaux de Souffre, pluſieurs phénomènes remarquables s'offrent aux ſens des Chimiſtes & des Naturaliſtes : la quantité des vapeurs qui ſortent du lieu où ſont les aqueducs, l'abondance des Eaux & leur odeur.

Les vapeurs s'élevant continuellement, ſe condenſent à la voûte des réſervoirs, & y forment une matière blanchâtre, molle, aiſée à détacher avec les doigts, & que je ne ſaurois mieux comparer qu'à de la pâte d'amandes, tant ſoit peu humectée. Il me parut d'abord que cette matière devoit être du ſouffre qui ſe ſeroit ſublimé ; mais je reconnus bientôt, par pluſieurs faits, qu'elle n'avoit aucune de ſes propriétés, & que ce n'étoit autre choſe que la ſubſtance tophacée de la voûte & des murs, qui eſt pénétrée & ramollie par les vapeurs qui y circulent ſans ceſſe. Les ſubſtances métalliques, telles que l'argent & le plomb, étant expoſées aux vapeurs de ces Eaux, y prennent une couleur d'un jaune noirâtre.

L'abondance des Eaux eſt très-conſidérable, & paroît être conſtamment la même depuis fort longtems ; leur odeur ſe fait appercevoir de loin, & n'eſt pas douteuſe, puiſqu'en général on y reconnoît celle du ſouffre ; mais comme ce minéral eſt indiſſoluble dans l'eau, & ne ſauroit s'y unir ſans intermède ; ſon union à ces intermèdes forme ce mixte, qu'on nomme en Chimie, *foie de ſouffre*, dont l'odeur eſt la même que celle qu'on appelle en termes vulgaires, l'odeur d'œufs couvis ; & c'eſt celle-là particulièrement qui, dans ces Eaux, frappe l'organe de l'odorat.

2°. On trouve en tout tems dans le bassin des Eaux de Souffre, des floccons de matière de couleur citrine; ils paroissent se former au fond du bassin, comme une espèce de sédiment, qui, ayant acquis une gravité spécifique plus légère que l'Eau, s'élève de ce fond, vient surnager & flotter à sa surface. J'ai remarqué, & on me l'a d'ailleurs assuré, que ces floccons étoient beaucoup plus abondans en hyver, surtout quand il n'est pas tombé de pluie depuis longtems. Le dégré de chaleur des Eaux, qui n'est pas le même alors qu'en été, contribue sans doute à rapprocher une plus grande quantité de ces molécules divisées & suspendues dans l'Eau. Je tâchai de rassembler plusieurs de ces floccons, que j'étendis sur de la toile & sur du papier, pour les faire sécher; & à mésure qu'ils devenoient secs, ils prenoient une légère couleur de souffre, diminuoient beaucoup de volume, & se réduisoient en poudre. Cette poudre, du poids environ de deux grains, ayant été jettée sur des charbons ardens, s'est enflâmée, & a donné en brûlant une couleur bleuâtre, & une odeur assez semblable à celle du souffre en combustion. Cependant de toute la poudre employée à cette Expérience (*k*), il en est resté une partie,

(*k*) J'avoue que l'Expérience faite sur ces floccons, pour m'assurer de leur nature, est délicate, & celle de toutes qui m'a donné le plus de peine, tant parcequ'il a fallu la répéter plusieurs fois, que par la difficulté de les faire sécher, & de se procurer une quantité suffisante de cette matière propre à être soumise aux épreuves nécessaires, pour découvrir ce que je cherchois.

pésant près d'un grain, qui ne s'est point consumée, & que j'ai reconnu être une terre de la nature des absorbantes.

QUAND on boit ces Eaux, elles ont un goût de souffre désagréable; c'est-à-dire, celui de foie de souffre, qui n'est point équivoque; car il paroît qu'on avale des œufs gâtés: Ce goût diminue beaucoup par le transport, & se perd absolument quand elles sont réfroidies; il en est à-peu-près de même pour l'odeur: Cependant le hasard m'a fait observer qu'une bouteille pleine de ces Eaux, très-exactement bouchée, & que j'avois oubliée dans un coin, a encore donné une légère odeur de foie de souffre au bout de deux mois. Une semblable bouteille pleine d'Eau, dite d'Alun, bouchée de même & en même tems, n'a eû, au contraire, au bout du même terme, qu'une forte odeur terreuse (*l*).

3°. POUR trouver le dégré de chaleur des Eaux de Souffre, je me suis servi du thermomètre gradué selon Mr. de Réaumur; je l'ai plongé, pendant quatre minutes, dans le bassin qui est au grand air; la liqueur du thermomètre (c'étoit l'esprit de vin) est montée rapidement au 36e. dégré, & s'y est fixée: Le lendemain je répétai l'Expérience; le thermomètre resta dans l'eau pendant 12 minutes; & la liqueur alla encore au même point, quoique le tems du séjour, dans cette seconde Expérience, fût triple: D'où je conclus que l'effet de la chaleur de

(*l*) Cette petite observation doit encore servir, dans la suite, à prouver mon sentiment sur la différence des Eaux de ces deux Sources.

ces Eaux, eſt le même au bout d'un certain tems donné, que dans un qui ſeroit plus court. J'ai fait ces épreuves au mois de Juin & à la fin d'Août; & le dégré de chaleur a toujours été à-peu-près le même.

On prétend que ces Eaux étoient anciennement plus chaudes qu'elles ne le ſont aujourd'hui : Cette prétention eſt douteuſe, & le fait eſt difficile à prouver; cependant s'il étoit vrai, cela paroîtroit provenir, ou de la jonction de quelque ſource d'eau froide, qui, continuant à ſe mêler avec elles, en auroient diminué la chaleur; ou de la conſommation des pyrites, dont la quantité s'épuiſe chaque jour par leur décompoſition; ou peut-être encore d'un mouvement plus lent, & d'un cours moins rapide. Ces conjectures & ce phénomène méritent l'un & l'autre d'être ſoigneuſement obſervés; car s'ils ſe conſtatoient, & qu'on ſût à quel dégré de chaleur ces Eaux étoient anciennement, voyant de combien il auroit diminué; cela ne ſerviroit pas peu à répandre quelque jour ſur la cauſe de leur chaleur; & on pourroit preſque prédire à coup ſûr, que ces Eaux, après un certain période de tems, ne ſeroient plus des Eaux thermales.

La péſanteur ſpécifique de ces Eaux eſt moindre que celle de l'eau commune; car ayant rempli de l'une & de l'autre deux vaſes égaux en poids & en volume, j'ai trouvé une différence ſenſible entr'elles, qui peut s'évaluer à un gros ſur deux livres d'eau.

4°. L'Eau de Souffre ayant été mêlée avec l'infuſion de noix-de-galle, ne s'eſt point colorée en noir, pourpre, ni violet; elle n'a pris que la couleur que lui a communiqué cette infuſion : on ne peut par conséquent pas y soupçonner des parties ferrugineuses. La même Eau éprouvée avec le syrop violat, est devenue d'une légère couleur verte : cet effet ne me paroît devoir être attribué qu'à la terre absorbante contenue dans ces Eaux, puisqu'on sait que c'est aussi une de ses propriétés.

5°. PREVOYANT l'inutilité de soumettre ces Eaux à la distilation, pour en obtenir quelque principe, je ne laissai pas de la tenter ; mais pendant & après l'opération, il ne me fut pas possible de rien découvrir dans la liqueur qui étoit restée, ni dans celle qui avoit passé dans le récipient. La distilation fut cependant faite au bain-marie, & à un feu très-doux ; mais il faut apparemment que la vapeur de ces Eaux soit si volatile, qu'elle ne puisse pas être concentrée ni retenue ; & j'avoue de bonne foi, que je ne connois aucun moyen propre & suffisant pour en venir à bout. D'ailleurs ces Eaux, comme je l'ai dit ci-devant, perdent après un certain tems, & surtout par le réfroidissement, tout ce qu'elles ont de ce principe sulfureux.

6°. LA distilation ne m'ayant donné aucun éclaircissement sur la nature de l'Eau de Souffre, j'eus recours à la voie de l'évaporation : je mis donc sur le feu, dans une terrine vernissée, six livres de cette Eau à évaporer ; dès que la chaleur commença à se faire sentir, j'apperçus une pellicule terreuse, qui se formoit à la surface du liquide ; alors j'augmentai le dégré de chaleur jusqu'à l'ébullition, pour avoir un précipité ; mais comme il n'en parut aucun, je laissai peu à peu réfroidir le résidu de l'eau évaporée, que je versai en décantant sur le filtre. Lorsque cette pellicule fut séche, je l'ôtai de dessus le filtre avec beaucoup de précaution, vû sa petite quantité, laquelle ayant été soumise à la balance, pésoit environ six grains. J'espérois que ce qui restoit de l'eau évaporée, me procureroit, par le réfroidissement, quelque matière saline; mais je fus trompé dans mes espérances; car au bout de deux jours, je n'obtins rien qui pût y ressembler.

Comme le savant Mr. Venel, dans un de ses Mémoires sur les Eaux de Seltz, désapprouve la méthode de pousser l'évaporation des Eaux minérales jusqu'à l'ébullition, parceque, dit-il, la décomposition de leurs parties s'ensuit : c'est pourquoi, craignant que cela ne fût arrivé dans ma première Expérience, je soumis de nouveau à évaporation la même quantité d'eau ; je la poussai tout doucement, ayant soin de suivre d'ailleurs la même route, & d'observer les mêmes circonstances que ci-devant : Je séparai cette pellicule terreuse à mésure qu'elle paroissoit; & le résultat de cette seconde épreuve fut, à peu de chose près, le même que dans la précédente. Pour être encore plus certain, j'ai réïtéré une troisiéme fois l'évaporation; je me suis servi, dans cette dernière, d'une capsule de verre & du bain de sable; & tout a été conforme aux deux autres.

7°. Cette matière terreuse est d'un gris cendré, onctueuse & douce au toucher; si l'on en met sur la langue, elle paroît assez insipide; & il est difficile de lui assigner un goût qui puisse en donner une idée précise : J'en ai combiné avec l'acide vitriolique; j'ai fait évaporer pour parvenir à cristallisation, & j'ai obtenu de petits cristaux en aiguilles douces & légères, d'une saveur salée, & qui, étant vûes au microscope, étoient de figure octogone; ce qui m'a fait penser que cette terre est de nature alcaline, & les cristaux de tartre vitriolé.

8°. APRE'S avoir analysé l'Eau de Souffre par le feu, j'ai crû, pour mieux m'assurer des principes qu'elle contenoit, devoir employer les menstrues (*m*) : souvent l'une de ces Analyses corrige le défectueux de l'autre; & plus souvent encore, par le sécours mutuel qu'elles se prêtent, on parvient à découvrir des résultats qui auroient échappé, si on avoit négligé de réunir ces deux moyens.

J'AI donc mis de l'Eau de souffre dans un verre, j'y ai jetté dessus, peu-à-peu, de l'acide vitriolique; il a excité de l'effervescence, & donné quelques vapeurs dans le tems du mélange, sans cependant que sa transparence en ait été troublée par aucune sorte de précipité, même au bout de 24 heures. La saturation en ayant été faite, j'ai fait évaporer au bain de sable, & il n'a paru aucune cristallisation. Une semblable Expérience en tout a été faite avec l'acide marin; & rien ne s'est présenté de plus qu'avec l'acide vitriolique : mais il y a eû quelque différence avec l'acide nitreux, en ce que l'effervescence à d'abord été plus forte; il s'est élevé une plus grande quantité de vapeurs, & elles avoient une odeur vive

---

(*m*) On donne en Chimie le nom de menstrues, particulièrement à trois acides, qui sont l'acide vitriolique, l'acide nitreux & l'acide marin : ceux dont je me suis servi dans toute cette Analyse, étoient dans un assez fort dégré de concentration.

& pénétrante d'acide sulfureux : le mélange cependant a conservé sa limpidité, & l'évaporation de ce dernier ne m'a pas davantage fourni de cristaux, qu'avec les deux autres acides. Enfin, pour n'avoir aucun doute sur la nature de cet acide, qui m'avoit paru sulfureux, l'Expérience de Sthaal me parut le moyen le plus sûr; j'imbibai, comme il le propose (n), d'alcali fixe résout en liqueur, un linge adapté sur un entonnoir, je l'exposai aux vapeurs du mélange; & l'acide sulfureux, en se dégageant, est allé se combiner avec l'alcali fixe dont le linge étoit imbibé, & m'a donné de petites aiguilles cristallisées, qui n'étoient autre chose que ce que Sthaal appelle *sel neutre sulfureux*.

9°. J'AI versé de l'alcali fixe en liqueur bien pur sur l'Eau de Souffre; elle s'est troublée & dévenue laiteuse, sans cependant avoir donné aucun précipité sensible : Ayant ensuite jetté sur ce mélange de l'acide vitriolique jusqu'à saturation, l'Eau est revenue à sa première limpidité; & après avoir été mise à évaporer au bain de sable, j'ai obtenu de beaux cristaux de tartre vitriolé. Cette opacité qu'a produit l'alcali fixe, ne peut sans doute être attribuée qu'à l'existence d'une sélénite dans ces Eaux : Cependant, par le mélange de cet alcali fixe, il me paroît que j'aurois dû avoir en précipité la terre qui fait la base de cette sélénite, vû la plus grande affinité de l'acide vitriolique avec cet alcali; mais je n'ai pû y parvenir d'aucune façon, ni par conséquent savoir la

---

(n) Observat. VII. §. 28.

quantité précise de sélénite que contiennent ces Eaux. Un phénomène assez surprenant dans cette opération, est la transparence qu'a reprise l'Eau de Souffre mêlée avec l'alcali fixe, par l'addition de l'acide vitriolique. En effet, que peut être dévenue cette matière séléniteuse, dont la présence avoit d'abord été manifestée par l'alcali fixe, & par cette couleur blanche qu'avoit acquise l'Eau dans cette opération? Il séroit cependant absurde de dire qu'elle eût été anéantie par l'acide vitriolique lors de la saturation de la liqueur, parceque les corps ne se réduisent pas ainsi au néant. Je serois plûtôt tenté de croire que cette nouvelle addition d'acide au mélange a peut-être opéré une décomposition de la sélénite, & l'a remise dans le premier état où elle étoit avant qu'on versât de l'alcali fixe sur cette Eau. Il est d'expérience que toutes les substances contenues dans les liqueurs, en troublent la transparence, dès qu'elles n'y sont pas dans une parfaite dissolution: D'ailleurs je ne garantis pas l'explication de ce phénomène; je ne la donne que pour une conjecture, laissant à des Chimistes plus éclairés le soin d'en assigner la véritable æthiologie.

10°. COMME la plûpart des Eaux minérales sulfureuses n'ont presque d'autres caractères que l'odeur ou le goût du souffre, ou du foïe de souffre, & qu'il y a peu de ces Eaux dans lesquelles on puisse en obtenir aisément une certaine quantité bien démontrée; comme d'ailleurs j'avois une forte preuve que celles-ci en contenoient, par les floccons dont il a été question ci-devant: j'employai, pour dernière Expérience, des dissolutions métalliques, en jettant ſur un plein verre d'Eau de Souffie, une certaine quantité de diſſolution mercurielle : & d'abord il parut dans le mélange, une matière blanche comme du lait, filamenteuſe & étendue dans toute la liqueur. Cette ſubſtance blanche, après s'être réunie, a formé un *magma* (*o*) ſéparé & diſtinct de l'eau, lequel eſt d'abord venu flotter à ſa ſurface : Au bout de 24 heures ce *magma* ſurnageant, s'eſt précipité, ayant déja beaucoup perdu de ſa couleur, & occupoit tout le fond du verre, & une partie de ſes parois, auxquels il étoit adhérent. Je laiſſai les choſes dans cet état, pendant plus de 15 jours, ſans y toucher : au bout de ce tems je trouvai une diminution aſſez conſidérable dans le mélange, qui, en s'évaporant, avoit dépoſé tout autour des parois du verre, un bord de petites particules ſalines, ſoyeuſes & d'un blanc roux : Je les détachai avec ſoin; mais la quantité en étoit ſi petite, qu'il ne me fut pas poſſible de déterminer leur nature : Je décantai l'eau pour avoir le réſidu, & il me reſta un précipité jaunâtre, comme pulvérulent, à la vérité peu abondant, parceque l'Expérience n'avoit été faite que ſur une petite quantité d'eau. Enfin, pour mieux m'aſſurer encore du réſultat de cette opération, je tentai l'Expérience qu'indique Mr. Monnet, dans ſon Traité des Eaux Minérales; je fis ſécher mon précipité, je le ſoumis à la ſublimation, & j'obtins un vrai cinabre artificiel.

(*o*) Ce mot, aſſez connu des Chimiſtes, ſignifie la concrétion d'une ſubſtance quelconque, de la conſiſtance & parfaitement ſemblable à du lait caillé.

CETTE preuve démonſtrative des doubles affinités, dans laquelle on voit l'acide nitreux quitter ſa baſe métallique pour s'unir à l'alcali, un des principes du foie de ſouffre, & le mercure ſe combiner avec le ſouffre pour faire du cinabre; cette preuve, dis-je, ne laiſſe plus aucun doute ſur l'exiſtence du ſouffre & du foie de ſouffre dans ces Eaux. Je puis encore, pour donner plus de poids à l'Expérience précédente, y ajouter celle d'une diſſolution de vitriol martial, verſée ſur ces Eaux, qui, après peu de tems, me donna un précipité tirant ſur le noir.

VOICI donc, d'après le réſumé de toutes ces Expériences, toujours faites ſur les Eaux, auſſitôt après avoir été puiſées à la Source, ce que l'on doit penſer ſur leur nature : Premièrement, qu'elles contiennent de la ſélénite, quoiqu'à la vérité en petite quantité, découverte par la neuviéme Expérience : Secondement, de la terre abſorbante, fournie, par la combuſtion des floccons, dans la ſeconde : Troiſiémement, une terre de la nature des alcalis, par la ſeptiéme : Quatriémement enfin, une certaine quantité de ſouffre, démontrée par les floccons qui nagent dans cette Eau, par la dixiéme opération. De l'union de ces deux derniers corps, il en réſulte un troiſiéme compoſé, connu ſous le nom de foie de ſouffre, qui participe des propriétés de ſes deux principes, ſe tient par-là diſſout dans l'Eau, & la conſtitue Eau Minérale Sulfureuſe.

ARTICLE IV.

De la différence qu'il y a entre les Eaux des deux Sources, où l'on prouve qu'elle ne peut dépendre de l'Alun qui n'y existe pas.

EN faisant ci-dessus la description du Local des Eaux d'Aix, j'ai dit qu'il y avoit deux Sources; l'une de tout tems appellée *Eau de Souffre*, & l'autre qui a toujours porté le nom d'*Eau d'Alun;* j'ai promis que je ferois voir que cette dernière n'en contient absolument point, & que par conséquent ce nom étoit mal appliqué, & totalement abusif. Il y a d'ailleurs apparence que les Romains regardoient aussi les Eaux de cette Source comme sulfureuses, mais beaucoup moins que celles de l'autre Source; puisque leurs Bains de vapeurs, dont on a dit avoir trouvé les restes, avoient été bâtis au-dessous de la Source dite d'Alun: & on ne peut pas soupçonner qu'ils eussent voulu se servir, pour cet effet, des Eaux de Souffre, puisque la Source est de beaucoup plus basse que leurs Bains: & quand même je me tromperois dans cette petite conjecture, l'on ne voit pas trop dans quels cas auroient été bons des Bains de vapeurs d'Eau alumineuse: mais l'Analyse va mieux encore le prouver.

LES mêmes expériences, & avec les mêmes soins, ont été faites sur l'Eau dite d'Alun (*p*), que sur celle de

(*p*) Je me sers encore de ce nom, seulement dans cet Article, pour plus de clarté.

Souffre; & je puis assurer que le résultat a été à peu de chose près le même dans les unes comme dans les autres. Il faut cependant avouer que les Eaux dites d'Alun différent en quelque chose de celles de Souffre: ces différences vont être indiquées, tant par rapport à certains phénomènes particuliers à l'Eau dite d'Alun, que rélativement aux petites variétés trouvées dans leur Analyse.

1°. LA Source d'Eau dite d'Alun fournit autant de vapeurs, & paroît aussi abondante que celle de Souffre; mais elle a l'odeur & le goût sulfureux beaucoup moins sensibles, & perd l'une & l'autre de ces qualités, en se réfroidissant, beaucoup plus vîte dans un même tems donné: première différence.

2°. L'EAU dite d'Alun a un léger goût acerbe, lorsqu'elle est chaude; ce goût se fait mieux appercevoir quand elle est réfroidie; & en général elle est plus gracieuse à boire que l'Eau de Souffre: seconde différence.

3°. LES floccons qu'on voit flotter dans l'Eau de Souffre, sont un peu moins abondans dans le bassin de celle dite d'Alun; & ils ont rendu, par les mêmes expériences, à peu-près les mêmes produits, que ceux de l'Eau de Souffre. L'Eau dite d'Alun se réfroidit plus vîte que celle de Souffre, quoiqu'elles soient l'une & l'autre au même dégré de chaleur, & qu'on ait cependant le préjugé dans l'endroit, que celle dite d'Alun soit plus chaude: troisiéme différence.

COMME ce plus prompt réfroidissement arrive surtout quand il a plu depuis peu, ne pourroit-il pas se faire que les eaux de pluie se mêlent immédiatement avec elles par quelque ouverture ? Mais alors cela devroit diminuer leur chaleur rélativement à celle de Souffre ; ce qu'on n'obſerve cependant pas. On ne peut, je crois, guères attribuer ce phénomène qu'à une plus abondante & plus prompte évaporation de cette Eau, que de celle de Souffre ; ce qui prouveroit encore que l'eſprit ſulfureux volatil y eſt moins abondant.

4°. UNE qualité ſingulière qu'a l'Eau dite d'Alun, & qui établit une grande différence avec celle de Souffre, eſt de faire reprendre vigueur à des herbages flétris, & reparoître fraîches des plantes fannées, un quart d'heure après qu'elles ont été jettées dans cette Eau, comme ſi elles venoient d'être cueillies : auſſi les gens de l'endroit s'en ſervent-ils pour arroſer les herbes potagères qu'on vient de tranſplanter, afin d'hâter & redonner plus ſûrement de la force à leur végétation, qui avoit été interrompue. Les Barbiers aſſurent encore qu'ils trouvent une différence ſenſible, quand ils employent l'Eau de Souffre ou celle d'Alun pour raſer ; la première gâte abſolument le fil & le tranchant de leurs raſoirs, au lieu que l'autre produit un effet contraire ; ce qui ne peut provenir que d'une moindre quantité de ſouffre dans l'Eau d'Alun : quatriéme différence.

QU'EST-CE qui peut produire ces deux effets ? Et l'Alun qu'on ſuppoſe être contenu dans ces Eaux, en ſeroit-il la cauſe ? J'ai cependant tenté pluſieurs expériences pour y découvrir cette ſubſtance ; j'y ai même employé la plus ſcrupuleuſe exactitude, parceque j'avois intérêt de m'aſſurer poſitivement de ſon exiſtence ; & aucune ne m'en a fait appercevoir le moindre veſtige. J'ai jetté ſur cette Eau de l'huile de tartre par défaillance, afin de pouvoir précipiter la base terreuse de l'Alun; mais la liqueur, de même que dans la neuviéme expérience sur l'Eau de Souffre, s'est seulement troublée, sans avoir donné aucun précipité : J'ai de plus mis en évaporation, au bain de sable, cette liqueur trouble, pour en obtenir quelques cristaux, comme auroit dû me les fournir la décomposition de l'Alun, supposé qu'il eût existé; & je n'ai pas vû la plus petite apparence de cristallisation : J'ai délayé de la craie dans cette Eau, j'ai filtré la liqueur, je l'ai fait évaporer, & rien ne m'a indiqué qu'elle contînt de l'Alun; & comme le phlogistique du Zinc est reconnu être peu adhérent à sa base, je voulus encore essayer de découvrir l'Alun dans ces Eaux, en le décomposant par l'intermède de cette substance; mais ce dernier moyen fut tout aussi peu efficace que les autres. Enfin, soit que j'aye traité l'Eau dite d'Alun par la distilation & par l'évaporation, soit avec les acides; tous les phénomènes qui se sont offerts dans ces différentes opérations, ont été constamment les mêmes que sur l'Eau de Souffre; & j'ai toujours obtenu à peu-près les mêmes produits, que dans l'Analyse des Eaux de l'autre Source, à l'exception cependant que celle dite d'Alun contient une moindre quantité de souffre, & beaucoup plus de sélénite. Mais on pourra demander, d'où vient donc à cette Eau la propriété particulière de rendre aux plantes la fraîcheur qu'elles ont perdue? Et quelle est la matière qui peut lui communiquer ce goût légèrement acerbe, & cependant assez sensible? Je réponds que d'après l'examen de cette Eau, il n'est pas aisé d'en donner une explication ſatisfaiſante, ſurtout quant à la première de ces propriétés : A la vérité il paroît qu'on devroit d'abord l'attribuer à cette prétendue exiſtence de l'Alun, ſi on fait attention que l'uſage de ce ſel eſt reconnu être d'un grand ſécours dans la teinture, pour augmenter la vivacité des couleurs, & notamment celle de la cochenille & de la graine d'écarlate; de même que pour diſpoſer les étoffes à recevoir & retenir certaines couleurs; & qu'on en met encore dans les liqueurs où l'on veut conſerver des animaux avec leurs couleurs naturelles: Mais il faut obſerver que l'Alun agit, dans tous ces cas, ſur des ſubſtances qui appartiennent toutes au règne animal; au lieu que dans celui dont il eſt queſtion, ce ne ſont que des matières végétales : Différence qui eſt déja plus que ſuffiſante pour détruire le préjugé & la vraiſemblance que l'on pourroit avoir en faveur de l'exiſtence de l'Alun dans ces Eaux. Ce ſeroit d'ailleurs une nouvelle propriété qu'on découvriroit à l'Alun, de rendre, pour ainſi dire, la vie aux végétaux, & de laquelle je ne ſache pas que nul Auteur ait fait mention. Si donc ce n'eſt pas à l'eſpèce particulière de ſélénite, contenue en plus grande quantité dans ces Eaux que dans celles de Souffre, qu'eſt dû cet effet ſingulier ; il vaut mieux avouer de bonne foi ſon ignorance, que d'entaſſer conjectures ſur conjectures; ce phénomène alors ſera en phyſique du nombre de ceux dont la cauſe *latebit adhuc inter arcana naturæ.*

Quant à la ſaveur légèrement acerbe, je dirois même preſque terreuſe, qu'ont les Eaux dites d'Alun, elle ne peut provenir que de l'abondance de la ſélénite,

de

de la présence de la terre absorbante, du goût & de l'odeur sulfureuse qu'elle posséde à un dégré moins sensible; en un mot, de ce qu'elle perd plus promptement toutes les qualités communes à l'une & à l'autre de ces Eaux; ce qui, sans doute, ne peut être dû qu'à une combinaison moins forte dans celle-ci des principes dont est composé le foie de souffre qu'elle contient (q). Il paroît en effet peu probable, que deux Sources ainsi voisines, pussent autant différer par leurs principes; celle qui contiendroit de l'Alun, devroit au moins avoir ce goût salé, que communique toujours à l'eau cette substance, quand elle y est dissoute. Au reste, comme c'est encore un problème à résoudre, j'aurai toujours droit de

---

(q) Le Foie de Souffre est la combinaison du Souffre avec les substances alcalines; il peut se faire par la voie séche & par la voie humide: Selon toute apparence les Eaux d'Aix se chargent & dissolvent le foie de souffre déja tout formé dans les entrailles de la terre, par la voie séche, qui est la plus courte, & celle que nous observons toujours être constamment suivie dans toutes les opérations de la nature. Le foie de souffre est une combinaison importante de la Chimie, parcequ'il est en général un très-grand dissolvant.

On sent parfaitement bien que ce n'est pas pour les Gens de l'art, que je donne la définition du mot, *Foie de Souffre*, ni celle de plusieurs autres mots de même nature; je suis bien éloigné de penser que ceux qui s'addonnent à l'étude de la Médécine, de même que plusieurs amateurs, ne connussent pas les compositions chimiques & leur nomenclature; cette ignorance seroit impardonnable: mais comme ce ne sera pas toujours des Chimistes qui liront ce Traité, j'ai pensé que ces explications ne deviendroient pas tout-à-fait inutiles, & satisferoient le Lecteur malade, qui, souffrant d'ailleurs, & par conséquent de mauvaise humeur, se rébuteroit bientôt de certains termes inconnus, qu'il rencontreroit à chaque page d'un livre qu'il ne lit peut-être que par désœuvrement.

l'attribuer à cette cauſe, juſqu'à ce que des Chimiſtes plus intelligens en aient aſſigné une autre, qui donne une explication plus ſatisfaiſante.

Il réſulte de ce qu'on vient de dire, que l'Eau de cette Source, qu'on a toujours crû alumineuſe, & conſéquemment toujours appellée Eau d'Alun, n'en contient effectivement point du tout : c'eſt donc abuſivement, & mal-à-propos, qu'on lui donne ce nom; il eſt même dangéreux de le lui conſerver, vû les erreurs funeſtes qui peuvent s'enſuivre dans la pratique de la Médécine; parceque tel malade qui croiroit uſer de ces Eaux, comme alumineuſes, ou comme appropriées à ſon mal, ne prendroit, au contraire, que des Eaux qui ne lui feroient aucun effet, & retarderoient ſa guériſon, ou qui lui déviendroient nuiſibles : Ainſi, ces Eaux doivent ſeulement être appellées *moins ſulfureuſes*, puiſqu'elles contiennent réellement une moindre quantité de Souffre, que celles de l'autre Source; & qu'en général toutes les Eaux minérales, de quelle nature qu'elles ſoient, ne tirent leur dénomination, que du principe qui y abonde le plus : ou, pour plus de clarté, on pourroit appeller celle-ci : *Eau de la Source ſupérieure*, & l'autre : *Eau de la Source inférieure*.

Pourquoi ces deux Sources, étant aſſez voiſines l'une de l'autre, différent-elles donc dans le plus ou le moins de leurs principes ? Cette queſtion peut ſe réſoudre, ſi l'on remarque qu'il eſt plus que vraiſemblable, que ces deux Sources, quoique paroiſſant avoir une même origine, prennent ſans doute une route différente, ou que le terrein traverſé ſe trouve d'une autre nature; ou qu'enfin, la jonction occulte d'une nouvelle source d'eau quelconque, y apporte tous ces changemens; puisqu'il est de fait que les eaux sulfureuses viennent ordinairement d'une très-grande profondeur. Cette variété d'ailleurs, quoique surprenante, n'est cependant pas nouvelle; on en voit un pareil exemple dans les Sources des Eaux Minérales de Passy.

D'APRE's les Analyses ci-dessus détaillées, je crois pouvoir conclure, à juste titre, que l'une & l'autre Source d'Aix, sont des Eaux Thermales Sulfureuses, dont le principe dominant est un Foie de Soufre qu'elles tiennent en dissolution: Que dans l'une le principe sulfureux est beaucoup plus abondant, que dans celle que l'on a crû jusqu'ici contenir de l'Alun; & que dans toutes deux on y trouve, quoiqu'en différentes proportions, les différentes substances dont on a fait l'énumération ci-dessus (*r*).

(*r*) Ces différentes substances sont la sélénite, la terre absorbante, une terre alcaline & du souffre: La *Sélénite* est, selon les Chimistes modernes, une espèce de sel neutre, formé par l'acide vitriolique, & une terre calcaire quelconque, c'est-à-dire, de la nature de la chaux; le règne minéral fournit une très-grande quantité de ces matières séléniteuses; tels sont les gypses, les albâtres, &c. La *Terre absorbante* est une espèce de terre ainsi nommée, parcequ'elle se laisse pénétrer par l'eau; & l'*Alcaline* est celle qui tient de la nature des alcalis, qui sont eux-mêmes une combinaison saline, où la terre est en plus grande proportion que dans les acides. Enfin, le *Souffre* est un minéral trop connu, pour qu'il soit besoin d'en parler.

Comme il y a encore plusieurs termes dans ce Traité, qui sont propres à la Chimie, & que chacun n'est pas censé connoître; j'ai jugé à propos de donner ici un court éclaircissement des principaux: Je sens qu'il auroit été beaucoup mieux de le faire précédemment à la suite de chaque mot; mais l'idée ne m'en est venue qu'à-présent.

LES principes de ces Eaux étant chimiquement trouvés, & leur nature parfaitement connue, ce seroit un objet de pure spéculation, si on n'en faisoit pas un application à la pratique de Médécine; c'est ainsi qu'on peut augmenter la somme des ressources de cette Science, puisque c'est par ce moyen qu'elles peuvent dévenir salutaires. D'ailleurs, ce n'est que d'après la pleine & entière connoissance des remèdes, qu'un Médécin peut, en toute probité, les prescrire à ceux qui se confient à lui, pour détruire ou pallier les maux attachés à l'humanité: Il n'appartient qu'aux fourbes & aux charlatans, qui ne se doutent d'aucun danger, d'ordonner de pareils mé-

---

Ces termes sont, par exemple, *décanter*, qui signifie verser un liquide doucement par inclination, pour retenir les parties contenues dans le liquide, & qui, par leur pésanteur, restent au fond du vase.

Précipité est la substance qui se sépare, tombe, & se rassemble au fond du vaisseau par l'addition & le moyen d'un corps dans quelques fluides.

Saturation est en général lorsque la tendance des différentes parties de la matière, à s'unir les unes autres, est satisfaite, & qu'il y a entr'elles une certaine proportion au-delà de laquelle il ne se fait plus d'union.

La *Sublimation* est cette opération par laquelle l'art, de même que la nature, rassemble & retient aux parois supérieures des vaisseaux dont on se sert, les substances volatiles & solides, sous une autre forme.

Le *Phlogistique* est, selon les Chimistes, le principe inflâmable le plus pur & le plus simple: on n'a pû jusqu'à-présent parvenir à avoir le phlogistique pur & séparé de toute autre substance: il y a apparence que les corps qui sont les plus inflâmables, contiennent aussi une plus grande quantité de phlogistique.

Le *Zinc* est un demi métal d'un blanc brillant, mais qui donne un petit-œil bleuâtre: il ressemble assez au *Bismuth*, autre demi métal.

dicamens ; & il est honteux, je ne dis pas à ces sortes de gens pour qui la honte est peu de chose, mais à des Médécins, de conseiller ce qu'ils ne connoissent pas : Rien en effet, ne décele plus en eux l'empirisme, & par conséquent, l'ignorance que de ne pas prévoir la suite des conseils qu'ils donnent.

ARTICLE V.

Où l'on fait une description succinte des parties solides & fluides du Corps humain.

COMME c'est sur le Corps humain soumis à ces Eaux, que doit s'exercer tout leur action, on a crû devoir tracer une légère esquisse de ce qui le compose, sans cependant entrer dans des descriptions anatomiques, qui auroient écarté du but.

Le premier objet qui se présente à nous, en portant nos regards sur le Corps humain, est une envéloppe, connue sous le nom de *Peau*, dont la surface, dans un homme de taille moyenne, est évaluée à quinze pieds carrés : mais si nous nous armions du couteau anatomique, pour en faire un examen plus détaillé, nous appercevons que cette envéloppe cache un amas de muscles & d'os, de membranes & de nerfs, de vaisseaux sanguins & lymphatiques, de glandes & de viscères. C'est en général une machine hydraulique composée de fluides & de solides, qui sont sans cesse en mouvement. On entend par fluides la masse totale des différentes humeurs qui circulent dans cette machine, & en entretiennent la vie; & par solides, on comprend les parties qui ont entr'elles une plus forte cohésion, & qui, étant moins divisibles, résistent plus difficilement aux différens chocs; c'est du rapport exact des solides avec les liquides, & de leur parfait équilibre, que dépend la parfaite santé, si tant est qu'elle puisse exister.

TOUTES les parties solides du Corps humain sont composées de fibres nerveuses & charnues, dont les principales qualités sont la sensibilité & l'irritabilité: De la combinaison de ces deux qualités naît, dans les différens organes, une certaine disposition à produire certain mouvement; disposition qui constitue ce qu'on appelle *vigueur*, ou *ton des solides*: Cette vigueur, qui varie suivant la constitution physique de chaque individu, est essentielle aux fibres; mais dès qu'elle se trouve en-deçà ou en-delà de son état naturel, il en résulte tension ou relâchement des solides. Comme l'action des solides est toujours rélative & proportionnée à cette tension ou à ce relâchement, il s'ensuit que les fonctions du Corps humain sont foibles & engourdies, lorsque les solides de qui elles dépendent, sont relâchés; elles sont, au contraire, trop fortes ou trop actives, si ces mêmes solides sont dans une tension excessive: le juste milieu de ces deux états, est donc le seul point dans lequel s'exécutent facilement, promptement, & sans douleur, tous les mouvemens de cette admirable machine.

MAIS avoir seulement une idée des solides, ne seroit connoître que la moitié de ce qui compose le corps; il importe encore, pour connoître le tout, d'avoir aussi une notion succinte de ce qui les met en jeu; c'est-à-dire, des fluides, afin de sentir comment ils agiſſent & réagiſſent mutuellement les uns ſur les autres. On a vû ci-devant, que par fluides on entend la maſſe générale des humeurs, à laquelle communément eſt donné le nom de *Sang* : celui-ci eſt composé de deux parties, dont l'une eſt rouge & épaiſſe, l'autre ſéreuſe & tirant ſur le roux. On a découvert, à l'aide du microſcope, que la partie rouge n'étoit formée que de petits globules, qui ont ſurtout beaucoup d'affinité (*s*) entr'eux, & qui flottent dans la partie ſéreuſe : Cette ſéroſité n'eſt elle-même qu'une ſubſtance aqueuſe, qui, étant ſoumiſe à un certain dégré de chaleur, perd ſa fluidité, & ſe coagule en une maſſe concréte, de même que le blanc d'œuf expoſé au feu (*t*). La proportion entre ces deux parties n'eſt pas la même chez tous les hommes; l'âge, le ſexe, le climat, la maniére de vivre, ſont autant de cauſes qui y apportent pluſieurs variétés. Les qualités du ſang ſont différentes, ſuivant ces proportions; car plus la partie rouge domine, plus il eſt denſe; & plus il eſt denſe, plus il acquiert de viſcoſité & d'épaiſſiſſement : Si au contraire la partie ſéreuſe l'emporte en quantité ſur la rouge, le ſang devient alors moins denſe; & autant il diminue en denſité, autant il augmente en fluidité.

Il ſeroit inutile d'expoſer ici toutes les autres qua-

(*s*) Le mot d'affinité en Chimie, équivaut à celui d'attraction en Phyſique : c'eſt une tendance qu'ont les parties des corps les unes vers les autres, & la force qui les fait adhérer enſemble lorſqu'elles ſont uniés. Dict. de Chimie, tom. 1.

(*t*) Voyez les Expériences de Mr. de Haën, dans ſon *Ratio medendi*, chap. 6 de la premiére partie, pag. 52 & 56.

lités que peut contracter la masse des humeurs; il suffit des ci-dessus énoncées, pour reconnoître le sang comme un des agens de la circulation : L'on voit assez d'un côté, les solides essentiellement sensibles & irritables, & de l'autre, les fluides irritans & agaçans. Le cœur & les vaisseaux sont les principaux organes sur lesquels ceux-ci portent d'abord leur action; & ceux-là exercent à leur tour, sur toutes les humeurs, une réaction égale & nécessaire, dont la réciprocité produit le mouvement & la vie.

Le Corps humain considéré sous ces deux points de vûe, nous offre donc un tout, dont les différentes parties sont liées, & ont entr'elles une correspondance singulière & mutuelle ; c'est une machine dont les mouvemens sont rélatifs aux ressorts des puissances qui la font mouvoir; & ces mouvemens se font souvent dans un ordre contre-nature, parceque les ressorts s'altérent & se vicient. La peau, ce réseau tissu de fibres membraneuses, de nerfs & de vaisseaux artistement entrelacés les uns avec les autres, est le principal organe dont la bonté du ressort influe le plus sur la santé (u) : C'est sur la peau particulièrement qu'agissent les différens Bains & Douches, surtout ceux des Eaux minérales; & c'est par leur application sur toute l'étendue du corps, que l'art corrige souvent une grande partie des dérangemens auxquels il est sujet.

Mais avant de décrire la façon de prendre les Eaux

(u) Voyez la Médécine statique de *Sanctorius*, commentée par le savant Mr. *Lorry*, Médécin de la Faculté de Paris, & surtout le 5e. aphor. de la première section.

d'Aix, ſoit en boiſſon, ſoit en bains & douches, d'indiquer la méthode qu'on doit ſuivre dans leur uſage, & de détailler les différens cas où elles ſont ſalutaires ou nuiſibles; il eſt abſolument néceſſaire de déterminer leur action phyſique ſur le Corps humain.

ARTICLE VI.

De l'action phyſique des Eaux Sulfureuſes ſur le Corps humain.

TOUS les animaux quelconques nagent dans un fluide; les uns dans l'air, les autres dans l'eau: ils ſont tous, plus ou moins, ſujets aux impreſſions que ces fluides font, ſuivant leur nature, ſur leurs corps. Perſonne, pour peu qu'il ſoit phyſicien, n'ignore que l'action de l'air différe beaucoup de celle de l'eau (x): & comme, malgré cette différence, il y en a encore une très-grande, entre reſſentir l'action de l'air chaud & celle de l'air froid; de même l'impreſſion de l'eau froide eſt bien différente de celle que fait éprouver celle de l'eau chaude. L'air & l'eau agiſſent encore différemment, ſuivant qu'ils ſont homogènes ou hétérogènes: mais n'étant point ici le lieu de parler des effets de l'air, je dois m'attacher uniquement à expliquer ceux de l'eau, en tant que chaude, & chargée de différens principes.

L'EAU en général a, comme tous les corps, ſa péſanteur particulière. On évalue pour l'ordinaire

(x) Pluſieurs Auteurs ont trouvé, par leurs produits, que la péſanteur ſpécifique de l'air eſt à celle de l'eau, comme 1 à 970.

le poids d'un pied cubique d'eau, à 70 livres: lorsqu'elle est chaude, elle pése moins, à volume égal, que que quand elle est froide; mais qu'elle soit chaude ou froide, sa pésanteur n'en fait pas moins une impression sensible sur tous ceux qui sont exposés à son action. La fluidité de l'eau est encore une de ses qualités, qui lui donne la facilité de s'insinuer à travers les pores des différens corps qu'elle rencontre, de les écarter, & de les dissoudre à un point, que souvent elle ne fait plus qu'un même tout avec eux; & sa pésanteur alors augmente en raison composée de celle qui lui est propre, & de celle qui est particulière aux corps avec qui elle s'est, pour ainsi dire, identifiée. Enfin, outre cette pésanteur de l'eau plus grande, acquise par l'union des corps qu'elle tient dissouts, elle doit encore, de toute nécessité, participer des propriétés de ces mêmes corps. Ainsi les Eaux Sulfureuses dont il s'agit, réunissant toutes ces qualités, devront donc agir, soit qu'on en use intérieurement, soit extérieurement, comme pésantes, comme chaudes, comme pénétrantes, & comme chargées de divers corps, principalement du foie de souffre.

Les Eaux Sulfureuses d'Aix étant, dans le Bain, appliquées extérieurement au corps, presseront d'abord, par leur pésanteur, tous les petits vaisseaux lymphatiques & sanguins, répandus à sa surface, & feront ainsi refluer le sang à l'intérieur; alors un léger, à la vérité, mais universel resserrement se fait appercevoir; il survient un peu de gêne dans la respiration, & le pouls augmente en force & en fréquence par l'abord plus grand du sang au cœur, dont les contractions & les dilatations sont nécessairement plus souvent répétées. Tels seront les principaux effets dûs à la pésanteur des Eaux; mais si on y joint ceux qui dépendent aussi de leur chaleur, on s'appercevra de plus, que la peau se relâchant, déviendra plus molle; & ses pores, conséquemment plus ouverts, absorberont aisément le liquide ambiant : De-là la raréfaction du sang, la couleur plus animée du visage, le gonflement des vaisseaux extérieurs du corps, quelquefois une légère douleur de tête, mais qui se dissipe dès qu'on est hors du Bain, souvent même le sommeil, & une douce moiteur, s'emparent du baigneur.

Tous ces phénomènes ne different point, à la vérité, de ceux qu'on éprouve de la part de l'action des Bains d'eau chaude ordinaire; mais celles-ci, qui tiennent un foie de souffre en dissolution, devront en outre produire des effets qui y seront particulièrement rélatifs. Or, comme le foie de souffre est une espèce de savon (*y*), dont les qualités sont d'être incisives, fondantes, atténuantes & résolutives; il est constant & prouvé par l'expérience, que cette substance portée, au moyen du véhicule aqueux, dans la masse des humeurs, les pénetrera jusques dans la plus petite de leurs molécules, divisera leur cohésion mutuelle, les rendra plus fluides, & par conséquent plus aptes au mouvement; ainsi la masse humorale

(*y*) Les Médécins Anglois & Allemands l'employent beaucoup, & avec succès, dans certaines maladies de poitrine; son odeur désagréable est cause qu'on l'a abandonné dans la pratique; & ce n'est pas ce qu'on a fait de mieux.

augmentera de volume, parcequ'à chacune de ses particules, il s'en joindra une des Eaux Sulfureuses; & comme les solides se seront d'ailleurs, ainsi qu'il a été dit, assouplis; leurs douces oscillations faciliteront encore la circulation, la rendront beaucoup plus égale & plus uniforme généralement dans tous les vaisseaux, dont le diamètre sera nécessairement dévenu plus grand; Dès-lors le sang ne rencontrant aucune résistance à son libre cours, tous les organes sécrétoires & excrétoires exerceront leurs fonctions avec aisance; & les nerfs, légèrement sollicités, & participant de toutes ces diverses impressions, favoriseront encore tous les différens effets qui doivent résulter de l'action réunie des principes contenus dans les Eaux Sulfureuses.

Il n'est donc pas difficile de comprendre d'après ces raisons physiques, adaptées au mécanisme du Corps humain, pourquoi ces Eaux Thermales procurent, au sortir du Bain, une fraîcheur, une tranquilité & un délassement, qui, le plus souvent, aménent un sommeil doux, paisible, & qui répare promptement les forces? Pourquoi la transpiration, cette boussole de la santé, augmente en proportion des autres excrétions? Et pourquoi, en un mot, le baigneur se trouve dans un bien-être général, que lui seul peut exprimer? Tous ces effets très-sensibles, lorsqu'on se baigne dans ces Eaux, le sont pareillement quand on les boit, & plus encore, si on se baigne à la Source même, ou lorsqu'on est exposé à la Douche.

Les effets qui s'ensuivent de l'action de ces Eaux, étant observés, & leur explication déduite suivant les loix de la saine Physique; le détail des différentes façons de les prendre, doit immédiatement succéder.

SECONDE PARTIE.

Des différentes façons de prendre les Eaux.

ON peut regarder la Ville d'Aix comme le temple d'Esculape, où chaque malade, apportant son offrande, vient y chercher une santé qu'il a quelquefois perdue par des accidens auxquels toute la prudence humaine ne sauroit parer; le plus souvent aussi, j'ose le dire, par des intempérances en tout genre; prodiguant sans réflexion des forces que la nature avoit destinées pour le bonheur de ceux qui nous environnent, & dont la perte nous cause, mais toujours trop tard, des regrets superflus; & ce qui est encore plus affligeant, sans espoir quelquefois de pouvoir jamais les recouvrer: Et les Bains, ce présent inestimable de l'Auteur de la nature, sont une piscine bienfaisante, dont les Eaux ne seront salutaires qu'autant qu'elles seront mises en mouvement par les Médécins (z).

ON use des Eaux Thermales d'Aix de deux maniè-

(z) C'est-à-dire, qu'il ne faut pas s'exposer à leur action de son propre avis, sans avoir consulté les gens de l'art qui les connoissent, & sans les précautions nécessaires; car souvent on paye chèrement une témérité ou une nonchalance, qui toujours est inexcusable en pareil cas.

res, intérieurement & extérieurement: intérieurement, on les prend pures, ou mêlées tantôt avec le lait de vache, tantôt avec celui de chévre, ou bien avec celui d'ânesse, suivant l'indication qui se présente: on y fait quelquefois dissoudre des sels neutres (a), pour les rendre purgatives; & quelquefois aussi on y ajoute des poudres, pour en faciliter le passage: c'est la façon la plus ordinaire, & même la seule dont on doive faire usage de ces Eaux en boisson; toute autre méthode borneroit leurs vertus, & affoibliroit totalement leur énergie.

Les Eaux d'Aix sont encore employées extérieurement; & c'est même de cette façon que leur usage est le plus fréquent, comme le plus étendu: on les prend en Douches & en Bains; les Bains se prennent dans les différentes maisons particulières, où les malades sont logés: cette façon n'est certainement pas la meilleure, quoiqu'elle soit la seule usitée; parceque les Eaux perdant, par le transport & par l'évaporation, la plus grande partie de leurs principes actifs, ces Bains ne sont alors qu'un peu plus efficaces, que ceux qui sont faits avec l'eau tiéde ordinaire. Ils seroient infiniment plus salutaires, & auroient bien plus d'action, dans la plûpart des cas où l'on use des Bains pris à la maison, si

---

(a) On appelle *Sels neutres* en général toutes les combinaisons des acides quelconques, avec des substances alkalines, salines, terreuses ou métalliques. Ces sels ne sont ni acides ni alkalis, mais participent de la nature de l'un & de l'autre: tels sont, par exemple, le sel de cuisine, le sel d'Angleterre, le sel de seignette & plusieurs autres.

les malades alloient les prendre immédiatement dans les différens Bassins de chaque Source ; ils jouiroient, en premier lieu, de la pureté de l'air extérieur, bien différent de celui qu'ils respirent dans leur chambre, qui est toujours trop chaud & sans élasticité, parcequ'ils y sont renfermés comme dans des étuves : En second lieu, l'Eau qui jaillit de la Source procureroit encore un autre avantage, en ce que par son cours & son mouvement continuel, elle exciteroit sur le corps un léger chatouillement, qui, agaçant les plus petites fibres, ouvriroient encore mieux les pores de la peau, & faciliteroient la pénétration des parties aqueuses minérales (*b*). D'ailleurs, les malades étant en compagnie, auroient à chaque instant des sujets de gaïeté, & éviteroient par ce moyen la mélancolie & la tristesse, qu'entraînent presque toujours avec eux les Bains domestiques : Quelques-uns même pourroient nager dans les Bassins ; & l'on sait combien cet exercice peut augmenter l'efficacité des Bains, par le mouvement de tous les muscles qui concourent à cette action. Tous ces avantages paroîtront frivoles au premier coup d'œil ; cependant ils n'en sont pas moins réels & fondés sur les principes d'une mécanique physiologique. Cette méthode, nouvelle à la vérité, auroit sans doute des inconvéniens, auxquels il seroit aisé de parer : Quelques malades ne pourroient pas

(*b*) Primi Medicinæ parentes, nihil magis in morborum curatione, præservationeque procurabant, quam ut balneorum, fotuum, lotionum, unctionum, frictionum, & omnis generis exercitationum usu. Bagliv. dissert. I. de anat. fibr.

profiter du Bain pris au Bassin, par la nature de leur maladie; & l'on sent que ceux-là en doivent nécessairement être exclus; les autres ne se soucieroient peut-être pas de se baigner en public ; & ceux-ci seroient bien dupes & peu jaloux de leur santé, en la négligeant pour une fausse honte, qui s'évanouit bientôt, si on réfléchit qu'on pourroit arranger les Bassins de manière à s'y baigner avec toute la commodité & la décence possible (c).

Lorsqu'on a parlé des différens ouvrages faits aux Bains d'Aix par les Romains, j'ai dit qu'on avoit trouvé, près des Sources, des canaux soûterreins, dont la construction dénotoit que jadis il y avoit eû des Bains de vapeurs. Quel obstacle y auroit-il donc aujourd'hui, d'enrichir, à leur imitation, nos Bains de ce nouveau remède? Et de quelle satisfaction ne jouirions-nous pas, de pouvoir fournir à la postérité des sécours pour la santé, qu'on ne sauroit assez multiplier? Il seroit facile de former dans le roc, des étuves où l'Eau jailliroit avec abondance, & surtout avec impétuosité, afin de pouvoir se briser & se réduire en vapeurs; on condenseroit ces vapeurs, en y établissant un courant d'air, qui serviroit, tout-à-la-fois, pour les mettre en mouvement, & empêcher au malade de suffoquer: il s'y tiendroit nud, pour donner le tems

(c) La Ville d'Aix, pour engager les malades à prendre les Bains au grand air, devroit, en outre, faire souvent nettoyer les déhors & le dedans des bassins, les maintenir dans cette propreté, & les couvrir d'une espèce de tente, pour y être à l'abri du soleil & de la pluie.

nécessaire

nécessaire aux vapeurs de pénétrer la surface de son corps, & d'y produire l'effet désiré (*d*). Il me paroît que ces Bains de vapeurs, diminuant beaucoup la résistance des parties solides, seroient quelquefois une préparation à la Douche, & souvent un remède qui, tenant le milieu entre la Douche & les Bains, pourroit devenir très-salutaire dans plusieurs occasions; puisqu'il est d'expérience que ces étuves, quoique moins chaudes que les Bains, poussent plus à la peau qu'eux. La raison en est, que dans les Bains la tête est hors de l'eau, au lieu qu'elle se trouve exposée, au Bain de vapeurs, comme le reste du corps.

La Douche est le sécours le plus employé aux Eaux d'Aix; sur vingt malades, il y en a au moins dix-huit qui la prennent: ce n'est autre chose qu'un Bain local; elle consiste à faire tomber avec force, sur la partie nuë affectée, une colomne d'Eau thermale (*e*), par le moyen d'un tuyau de fer-blanc, de la figure d'un entonnoir, dont la plus large embouchure est adaptée à la Source, pour ramasser autant d'Eau qu'il est possible: on frotte légèrement avec la main cette partie en même tems que l'Eau la frappe dans sa chûte, pour ouvrir les pores, favoriser & hâter l'effet & la pénétration des Eaux. Deux, & quelquefois trois Doucheurs ou Doucheuses, suivant le bésoin, sont employés à cette opération

(*d*) La grotte où l'on prend ordinairement la Douche, peut fournir une idée de ce que je propose: on y voit circuler les vapeurs, qui rendent d'abord humides les habillemens de ceux qui y sont présens, pour peu de tems qu'ils y demeurent.

(*e*) On peut aussi prendre des Douches avec l'eau froide; mais c'est plus ordinairement avec les eaux chaudes qu'on les donne.

autour du malade, & lui rendent tous les secours qui y sont rélatifs (f). Comme la Douche ne consiste qu'en une colomne d'Eau dirigée sur cette partie, en se servant d'un cylindre de fer-blanc, fait en forme de cornet; j'ai imaginé qu'on pourroit donner des Douches par aspersion, en construisant le bout du tuyau, percé de plusieurs trous, comme est fait celui d'un arrosoir de jardin : cette espèce de Douche, embrassant une plus grande surface du corps, auroit beaucoup plus d'effet dans certains cas; telles seroient les douleurs de rhumatisme légères, & dont le siége seroit seulement dans une large étendue des muscles; parcequ'alors le nombre de toutes ces petites colomnes aqueuses étant plus multiplié, elles seroient bien plus énergiques.

On ne prend la Douche qu'à la Source des Eaux de Souffre; & on pourroit également la prendre à celle des Eaux moins sulfureuses, dites d'Alun; elle seroit aussi efficace que l'autre, pourvû qu'elle fût appliquée aux cas convenables. Je ferai voir plus bas les circonstances où elle devroit même être préférée. Le préjugé dont le public est imbû, que ces Eaux sont alumineuses, est sans doute la cause qui, jusqu'à-présent, a empêché de s'y doucher : Cependant, quand il seroit même constaté, par des expériences chimiques, qu'elles contiennent de l'Alun, je serois toujours surpris que les Médécins, partant

(f) Je dois ajouter à la louange des gens de l'endroit, qu'ils sont d'une complaisance achevée, & que respectivement aux mœurs & à la police, tout s'y passe dans une décence & un ordre admirables.

de ce principe, ne les eussent jamais conseillé dans certaines maladies où elles auroient été indiquées : C'est à eux de savoir distinguer & choisir les remèdes les plus propres à détruire nos maux.

Le sédiment ou les bouës amassées au fond des Bassins des Eaux, pourroient encore dévenir de quelque utilité, étant appliquées en topique, comme on emploie celles d'Aqui en Piémont, & celles des Eaux de St. Amand & de Bourbonne en France : c'est une expérience à tenter, que jusqu'ici personne, que je sache, n'a entreprise. Il est probable, & l'analogie même paroît l'indiquer, que ces bouës sont de nature sulfureuse, & conséquemment participent de la vertu des Eaux qui les déposent.

Il y a entre le Bassin & la Source des Eaux de Souffre, une ouverture faite à dessein, & de figure à peu-près ronde ; on l'appelle *le Bouillon*, parceque l'Eau y arrivant avec force par le moyen d'un canal qui prend son origine dans un réservoir creusé dans le roc, & duquel viennent aussi les Eaux aux Sources de la Douche, & parceque cette Eau se trouvant resserrée dans son cours, paroît effectivement bouillonner à sa surface. On s'est toujours imaginé, à cause de ce mouvement intestin, que l'Eau devoit avoir, dans cet endroit, un plus grand dégré de chaleur ; mais c'est une erreur dont chacun peut bien vîte s'appercevoir, le thermomètre à la main. Le Bouillon sert à plusieurs malades, & particulièrement aux pauvres (g), qui ne sont pas dans le cas de prendre

(g) Il y a, pour plus grande commodité, deux de ces Bouillons, un du côté des femmes, & l'autre du côté des hommes, afin que chaque sexe puisse y être décemment.

la Douche : On expoſe la partie malade (& c'eſt ordinairement les extrémités inférieures) à ce Bouillon, & on l'y laiſſe pendant un certain tems, afin que l'Eau puiſſe s'inſinuer juſqu'au lieu affecté, & y porter ſes parties médicamenteuſes.

ENFIN, on peut uſer de ces Eaux en Boiſſon, en Bains & en Douche tout à la fois. Il y a des malades qui boivent de préférence les Eaux appellées improprement d'Alun ; mais puiſque l'une & l'autre Source ſont, comme on l'a prouvé ci-devant, Sulfureuſes, c'eſt la différence & la gravité des cas qui doivent règler & déterminer leur uſage. Il y en a qui ne font que boire & ſe baigner ; d'autres qui ſe baignent, prennent la Douche, & ne boivent point ; & d'autres qui ſe font doucher, ſans boire ni ſe baigner. Dans l'uſage de ce Remède, comme dans celui de tous les autres, le Médécin prudent doit ſoigneuſement rechercher les cauſes du mal, pour faire une juſte application du moyen curatif, & avoir toujours en vûe le Précepte : *A juvantibus & lædentibus deſumuntur indicationes.*

ARTICLE PREMIER.

De la méthode qu'on doit ſuivre dans l'uſage des Eaux.

EMPLOYER des remèdes ſans ſuivre une méthode qui dirige le malade ſelon la nature & les diverſes circonſtances de la maladie, c'eſt s'abandonner aveuglément à une ſorte d'empiriſme qui, n'ayant aucun égard au tempérament, à l'âge & au ſexe, & ne remontant point à la cauſe du mal, prescrit indistinctément, & de la même façon, le même remède à des affections absolument différentes. Telle est souvent la route que suivent presque tous ceux qui vont aux Eaux Minérales. Boire, se baigner, & prendre la Douche; voilà à peu-près leur seul guide: De-là vient que le plus souvent ils les boivent, sans observer s'il convient de les prendre pures ou mêlées; en grande ou en petite quantité; à jeûn ou après avoir mangé; avant le Bain, dans le Bain, ou après le Bain: Lorsqu'ils se baignent, ils ne font pas réflexion à la quantité du tems qu'ils doivent rester dans le Bain (*h*), & si l'Eau est trop chaude ou trop froide: Enfin, s'ils prennent la Douche, c'est en ce point surtout qu'ils commettent le plus d'erreurs, puisqu'il y a une grande différence entre l'effet d'une Douche trop forte & trop longue, & celui d'une Douche légère & de courte durée. Tous ces détails sont cependant d'une conséquence nécessaire, si l'on veut retirer tout le fruit possible de l'usage des Eaux Minérales.

Il y a dans chaque pays où il existe des Eaux Minérales, une méthode particulière, que suivent ceux qui viennent les prendre: Aix a aussi la sienne; mais comme il m'a paru qu'elle étoit vicieuse en plusieurs points, je les indiquerai en tâchant d'y

---

(*h*) J'ai vû des malades envoyés aux Eaux d'Aix par des Médecins de très-grand nom, qui ne connoissoient sans doute ces Eaux que de réputation, à qui ils avoient conseillé deux Bains par jour, de quatre heures chacun, outre plusieurs autres remèdes à prendre encore entre le bain & le repas; ensorte qu'il leur restoit à peine du tems pour le sommeil & la nourriture.

remédier par des raisons étayées de l'observation & de l'expérience.

RIEN ne règle mieux le tems où l'on doit venir aux Eaux d'Aix, que la saison du printems; si elle a surtout été belle, peu pluvieuse, & si les neiges n'ont pas été abondantes dans son commencement & pendant l'hiver; on peut alors y venir de bonne heure, comme au mois de Mai & de Juin, parceque les Eaux n'étant point mélangées par la fonte des neiges, seront plus fortes & plus efficaces; mais les mois de Juillet, d'Août (*i*), & quelquefois jusqu'au 15 de Septembre, sont les tems les plus favorables.

IL faut, de toute nécessité, que la purgation précéde l'usage des Eaux, soit qu'on les prenne en boisson, bains ou douches. Plusieurs négligent cette pratique, & la regardent comme inutile. Cependant, si on fait attention que les premières voies sont presque toujours chargées de saburre, suite des mauvaises digestions; les Eaux, sans cette précaution, entraîneroient avec elles, dans la masse des humeurs, toutes ces impuretés, & y introduiroient un vice qui n'y existoit point auparavant. D'ailleurs, les Bains & la Douche refoulant les humeurs à l'intérieur, il seroit à craindre que l'absorption interne ne portât dans le torrent de la circulation, un chyle mal élaboré, qui se déposeroit sur les viscères les plus foibles, & produiroit des engorgemens très-difficiles à résoudre.

(*i*) On craignoit autrefois de se baigner dans le tems de la canicule; mais heureusement ce vieux mot, enfant du préjugé, n'a plus aujourd'hui d'influence que sur le corps & l'esprit des ignorans.

DE LA BOISSON DES EAUX.

ON boit les Eaux d'Aix, de l'une & l'autre Source, le matin à jeûn, depuis une livre (*k*) jusqu'à deux, quatre, & même plus, pendant douze, quinze jours, ou trois semaines. Il est surtout essentiel, pour en ressentir toute la vertu, de les boire à la Source, parcequ'elles s'évaporent aisément par le transport, & perdent leur principe le plus actif. Il n'est pas moins nécessaire de se promener au grand air, en les prenant, pour en faciliter le passage, & empêcher leur trop long séjour dans l'estomac; elles y causent alors un poids incommode, qui, le tiraillant, & entraînant avec lui le diaphragme, procure un mal-aise, une angoisse, & souvent une oppression, qui rébutent le malade; d'où il juge par-là qu'elles lui sont contraires. Ces Eaux se boivent par verrées, avec un intervalle de demi-heure, plus ou moins de l'une à l'autre, selon qu'elles passent aisément. La plûpart des malades ont la coutume de les boire dans leur chambre, sans presque se mouvoir, & laissant reposer & réfroidir l'Eau dans la bouteille, jusqu'à ce que la dose convenue soit employée: De-là il arrive souvent d'une part, des gonflemens, des nausées, du dégoût; & de l'autre, comme il n'y a guères que la première verrée qui soit médicamenteuse, le reste se réduit presque toujours à de l'eau commune, ou tout au plus à de l'eau

(*k*) On entend én Médécine, par une livre de liquide, la valeur d'une demi-bouteille ordinaire, ou d'une demi-pinte de Paris.

tiéde : Il n'eſt donc pas ſurprenant, d'après cette mauvaiſe méthode, d'entendre les malades ſe plaindre que les Eaux ne leur ont fait aucun bien.

On pourroit, lorſqu'on boit les Eaux pures, y ajouter quelques ſyrops altérans, du ſucre candi ou roſat, ſelon l'indication de la maladie ; mais on peut toujours, après les avoir bues, mâcher des anis ou quelques zeſtes de citrons confits, pour corriger le mauvais goût que laiſſent ordinairement ces ſortes d'Eaux. S'il étoit néceſſaire de les rendre plus apéritives, on les altéreroit avec quelques grains de nitre purifié, ou de ſel *de duobus*, qu'on fait diſſoudre tout de ſuite dans chaque verre qu'on boit. Souvent, quand on ne doit prendre qu'un léger purgatif, avant l'uſage des Eaux, il ſuffit de jetter une once de ſel d'Angleterre ou de Seignette dans la première verrée d'Eau ; & les autres ſe prennent enſuite pour aider l'effet du purgatif. Il arrive quelquefois que l'équitation eſt néceſſaire pour hâter & faciliter le paſſage des Eaux ; la ſécouſſe légère que procure cet exercice à tous les viſcères du bas-ventre, & ſurtout à l'eſtomac, en augmentant l'oſcillation de leurs fibres, rend cette pratique très-avantageuſe, & qui devroit par conſéquent dévenir plus commune, & être préférée aux autres.

Les Eaux moins ſulfureuſes, dites improprement d'Alun, ſont celles que l'on boit le plus ordinairement, parceque, ſuivant l'opinion vulgaire, elles paſſent mieux que les autres, & qu'on croit d'ailleurs que, contenant de l'Alun, elles ſont plus propres à rétablir les fonctions de l'eſtomac. Cependant il ne conſte par aucune expérience, qu'elles ſoient plus efficaces, que celles de l'autre Source, dans les vices de cet organe provenant d'une laxité de ses fibres, qui auroient besoin d'une substance stiptique, telle que l'Alun, pour y remédier. Et quant à leur plus grande facilité à être rendues, elle ne peut provenir que de ce qu'elles sont plus abondantes en sélénite, comme on l'a vû dans leur Analyse.

LORSQU'ON a achevé de boire la dose des Eaux convenue pour chaque matin, on peut prendre une heure après une légère nourriture, telle que seroit un potage, une croute de pain avec de l'eau sucrée, ou avec un peu de bon vin vieux, ou bien quelque autre aliment approprié au goût & à l'état actuel du malade; il convient même de suivre absolument cet usage, surtout si on est dans l'habitude de déjeûner; car il arrive souvent que les Eaux ne commencent à passer, qu'après avoir pris quelque aliment. Si on use des Eaux en Boisson & en Bains tout-à-la-fois, on en boira un verre avant d'y entrer, & on les continuera même pendant le tems qu'on sera au Bain; il secondera leur effet, en facilitant l'introduction des parties aqueuses dans le sang. Quand on aura achevé l'usage des Eaux, il sera à propos de se purger de nouveau, mais avec quelques purgatifs amers & stomachiques, tels que la rhubarbe, le senné, le syrop de chicorée composé, pour rétablir l'estomac, qui se trouve presque toujours dans un état de rélâchement, après la Boisson des Eaux Thermales.

AU reste, comme il n'est pas possible de prescrire des règles pour tous les cas, pacequ'il est difficile de les prévoir tous, & que d'ailleurs elles ne pourroient pas convenir à tous les températures; on sent parfaitement bien qu'on ne peut donner à cet égard que des généralités : C'est par conséquent le malade qui doit instruire son Médécin sur tout ce qui seroit capable de lui fournir des indications nécessaires; & c'est ensuite à lui de les remplir autant que l'art, aidé de sa prudence, le lui suggérera.

Des Bains.

LES Bains des Eaux thermales ont été de tout tems regardés comme des remèdes excellens, propres à guérir ou contribuer à la guérison de plusieurs maladies opiniâtres. Les différentes espèces de Bains sont très-anciennes, puisqu'elles étoient déja en usage avant Hyppocrate (*l*) ; & l'on sait combien ils étoient connus sous le siécle d'Auguste. Cependant, si on examine de près leurs propriétés, on verra que leur usage ne doit pas être indifférent, & qu'il ne convient pas également à tous. On prend assez communément les Bains à Aix ; mais souvent aussi on en abuse : on les y prend ou chauds ou tiédes, sans réfléchir qu'on se met quelquefois dans un Bain chaud, tandis qu'il ne devroit être que tiéde, & que d'autres fois il n'est que tiéde, lorsque le cas exigeroit qu'il fût chaud. La nature de la maladie doit servir de règle pour décider si c'est le Bain chaud, le tiéde ou le frais qui conviennent; & le thermomètre sera la boussole pour déterminer le dégré

(*l*) Quo fiebat ut non solum prosperà semper uterentur valetudine, sed ad centum & plures annos dulcem vitam protraherent. Bagliv. de morb. solidor.

de chaleur. On dit que le Bain eſt tiéde, quand la liqueur va du 25e. ou 27e. dégré (*m*), juſqu'au 30e. ou 34e. Il eſt chaud quand elle monte du 34e. au 40e. & au-deſſus. Il y a, comme on voit, pluſieurs dégrés intermédiaires entre le 25e. & le 40e. qui tous peuvent convenir dans des circonſtances différentes. Outre la purgation, que j'ai dit devoir ſervir de préparation aux Eaux, il eſt de plus à propos, avant de commencer les Bains, de ſe faire ſaigner, ſi on eſt jeune, pléthorique, & qu'on ne veuille pas s'expoſer à pluſieurs inconvéniens.

On ſe ſert ordinairement à Aix, pour les Bains, de l'eau de la Source ſupérieure, dont on mêle deux tiers avec un tiers de celle de la Source inférieure; c'eſt même une méthode ſi réligieuſement obſervée, qu'on n'oſe pas s'en écarter (tant il eſt vrai qu'il y a partout des routines, juſques dans la Médécine). Cependant, comme l'une eſt beaucoup plus abondante en Souffre que l'autre, il n'eſt pas douteux qu'il y a des cas; & ce ſont même les plus fréquens, où le Bain ne devroit être préparé qu'avec l'Eau de Souffre ſeule, puiſque ce mixte y eſt contenu en plus grande quantité. C'eſt le matin ou le ſoir qu'il faut choiſir pour prendre le Bain tiéde; & comme le tempérament des femmes exige un ſommeil plus long que celui des hommes, elles doivent entrer plus tard qu'eux dans le Bain. Quand on prend la Douche & les Bains tout-à-la-fois, on doit préférer le ſoir pour ſe baigner: Mais ſoit

(*m*) Suivant la manière d'être gradué de Mr. de Réaumur.

qu'on se baigne le matin ou le soir, il ne faut pas entrer au Bain, si on est en sueur.

On peut prendre deux Bains tiédes par jour; (je n'en ai jamais vû prendre davantage) la durée de chaque Bain est ordinairement d'une heure à une heure & demi; rarement est-elle de deux, & plus rarement encore de quatre; je ne crois pas même qu'il y ait des cas où il soit nécessaire de les ordonner de pareille durée. Le tems que l'on reste dans le Bain chaud, est beaucoup plus court; car il ne doit pas excéder sept à huit minutes. Comme on peut partout user des Bains frais ou froids, ce n'est pas ici le lieu d'en fixer la longueur. D'ailleurs il est d'expérience que les Eaux Sulfureuses réfroidies, perdent, par l'évaporation, toutes les propriétés qu'on leur reconnoît étant chaudes ou tiédes. L'endroit où l'on prend les Bains, doit, autant qu'il sera possible, être vaste & commode; l'air doit s'y renouveller de tems en tems, sans néanmoins être trop froid ou trop chaud; l'un ou l'autre seroit également pernicieux. Hyppocrate recommande d'être tranquille dans le Bain & de n'y point parler (*n*); cependant, malgré la grande vénération que j'ai pour ce Prince de la Médécine, il ne me paroît pas que le mouvement que l'on fait en se baignant, & surtout dans un Bain domestique, puisse être nuisible, & en arrêter le bon effet: Peut-être est-ce une suite de la défense qu'il faisoit à ses Disciples,

---

(*n*) Qui lavatur, moderatè se componat & taceat, nihilque ipse faciat. Lib. de rat. vict. in morb. acut. sect. 4.

de conſeiller les Bains, principilement aux malades qui n'étoient pas aiſés, malgré la grande idée qu'il avoit de cette eſpèce de remède.

En ſortant du Bain tiéde, on plie les malades dans un drap, pour ne pas trop les expoſer à l'impreſſion de l'air; on les met dans un lit légèrement échauffé, à moins que l'intention du Médecin ne ſoit d'augmenter la tranſpiration (*o*). Si en ſe baignant on uſe en même tems de quelques remèdes, on les prend pendant le Bain, ou immédiatement après, tandis qu'on eſt encore au lit. Dès qu'on eſt bien ſéché, on change de linge, & on prend enſuite, à une demi-heure au moins d'intervalle, une légère nourriture, telle qu'un potage, une taſſe de chocolat, ou du vin d'Alicante avec un peu de pain.

Les Bains tiédes procurent quelquefois un trop grand relâchement, qu'on pourroit prévenir en ſuivant la méthode des anciens; ils ſe faiſoient oindre d'huile avant d'entrer au Bain: mais alors les pores cutanés, étant bouchés par les particules huileuſes, ne permettroient point l'entrée au fluide aqueux; & les molécules ſulfureuſes, dont on cherche ici la pénétration, ſeroient en pure perte. Il conviendroit plûtôt de prendre cette précaution au ſortir du Bain, ſi on craignoit une tranſpiration trop abon-

(*o*) On a la coutume à Aix de tenir le lit extrêmement chaud, indifféremment pour tous ceux qui ſortent du Bain ou de la Douche: méthode dangéreuſe & abſolument contraire à la ſaine pratique; puiſqu'il n'eſt pas poſſible que cette même méthode puiſſe convenir également à tous les différens cas.

dante, qui ne manqueroit pas d'épuiſer le malade. Les Bains tiédes ſont les ſeuls dont on puiſſe continuer l'uſage pendant quelque tems; ils ont la ſingulière propriété d'augmenter l'efficacité de certains remèdes, ou d'en modérer l'activité. L'uſage des Bains chauds ne doit, au contraire, être permis que très-rarement; & on doit ſoigneuſement examiner la cauſe de la maladie, avant de les preſcrire; parceque cette eſpèce de Bain produit non ſeulement beaucoup de chaleur, mais porte encore dans les ſolides une tenſion conſidérable, & les deſſéche: on pourroit même, pour calmer ces effets, en ſortant du Bain chaud, paſſer dans un Bain tiéde; & cette pratique, je crois, ne ſauroit qu'être très-avantageuſe. En général, il faut ceſſer toute ſorte de Bains, ſi, pendant leur uſage, on perd les forces, le ſommeil ou l'apétit (*p*).

Si jamais quelques malades ſe décidoient, comme je l'ai indiqué ci-devant, à ſe baigner aux baſſins mêmes des Sources, ils devront éviter ſurtout l'ardeur du ſoleil, s'envélopper dans un drap chaud en ſortant de l'Eau, & ſe faire porter chez eux bien couverts, afin que l'air extérieur ne les ſurprît pas (*q*); ils ſuivront d'ailleurs à peu-près les mêmes règles que pour les Bains pris à la maiſon.

Les Bains de vapeurs, qu'il ſeroit très-aiſé d'établir, demanderoient, de la part de ceux qui voudroient

---

(*p*) Atque hic quoque habenda virium ratio eſt. Corn. Celſus, cap. 17. de ſudore.

(*q*) Curioſèque veſtimentis involvendus, ut ne ad eum frigus aſpiret. Corn. Celſus ibid.

en user, des précautions pareilles à celles qu'on observe quand on sort des Bains ordinaires.

Le Bouillon est encore une autre sorte de Bain, à laquelle on a communément beaucoup de confiance : cependant, pour l'apprécier au juste, on peut comparer son mérite à celui d'une légère Douche, ou à un Bain de pieds d'Eaux Sulfureuses ; il peut être salutaire dans quelques maux légers, qui attaquent la jambe ou le pied, & servir de remède préparatoire ; mais il exige peu d'attention de la part du malade, car il suffit de bien sécher la partie, & de la tenir plus chaudement.

Les boues ou sédimens des Eaux pourroient aussi être employés en fomentations sur les différentes parties affectées, & les renouveller ou les humecter avec les mêmes Eaux, à mésure qu'elles se dessécheroient : Ce topique serviroit de préparatif à la Douche, en dévenant un Bain presque continuel, qu'il est facile d'entretenir à la maison, jusqu'au moment où la partie même devra être douchée.

De la Douche.

J'AI dit ci-devant qu'on appelloit *Douche*, lorsqu'un fluide quelconque coule, soit naturellement, soit par le moyen d'un tuyau (*r*), d'une fontaine naturelle ou artificielle, & qu'il tombe de haut, ou bien est lancé avec force sur tout le corps,

---

(*r*) Il seroit possible de donner des Douches séches, dans certains cas, avec un courant d'air froid ou chaud, par le moyen d'un soufflet, dont on dirigeroit le bout sur la partie malade.

ou sur une de ses parties : c'est le plus souvent avec les Eaux Thermales qu'on donne la Douche, quoique cependant l'eau commune seule, employée de cette façon, ne soit pas sans vertu lorsqu'elle coule de fort haut & en assez grande abondance. La Douche est certainement de tous les moyens curatifs, qu'on emploit à Aix, celui qui a le plus de vertu & d'efficacité; mais plusieurs en abusent & s'y livrent avec indifférence. Cependant ce remède mérite d'autant plus de soins & de ménagemens, qu'on ne peut pas le mettre au nombre de ceux qui ne font ni bien ni mal; car l'état dans lequel se trouve le malade, après l'avoir pris, prouve assez à quel point est augmenté le mouvement des humeurs; il peut par conséquent en résulter un changement très-salutaire ou très-nuisible pour le corps qui s'y soumet.

ON va communément à la Douche le matin à jeûn; & si le cas exigeoit d'en prendre deux par jour, on doit prendre la seconde le soir, un peu avant le soleil couchant, lorsque la digestion est faite : il faut être vêtu d'une façon aisée à pouvoir s'habiller & se déshabiller promptement. La partie que l'on veut doucher étant nuë, les doucheurs dirigent le cornet sur elle, & le font mouvoir çà & là, afin que la colomne d'Eau puisse également frapper partout: Pendant ce tems, d'autres doucheurs (ils sont presque toujours trois; il peut même y en avoir davantage) font de légères frictions, avec la main, sur la partie douchée. Au moyen de ce tuyau, la Douche peut se donner en tout sens, en lui faisant parcourir, par sa direction, successivement toutes les parties du corps. La durée de la Douche est ordinairement

ordinairement de huit à dix minutes, il eſt rare qu'elle paſſe le quart-d'heure; cependant elle pourroit encore, ſelon la nature de la maladie, être prolongée, quand le ſujet eſt ſurtout fort & robuſte. Lorſqu'on la donne ſur toute l'habitude du corps, elle doit alors être regardée comme un ſudorifique général; & conſéquemment il importe d'y avoir égard, ſoit pour la force de la Douche, ſoit pour ſa durée: car on ſent bien qu'il y a une grande différence de l'effet d'une Douche univerſelle à celui d'une Douche particulière.

MAIS je dois faire obſerver ici pluſieurs défauts eſſentiels dans la manière de donner la Douche. Le premier ſe rencontre dans la forme des tuyaux ou cornets, qui eſt conſtamment la même; en ſorte que la Douche ne peut jamais être plus ou moins forte une fois que l'autre (t). Il faudroit, pour autoriſer cette pratique, que tous les malades fuſſent affectés de maux ſemblables, puiſqu'on ne met aucune différence dans le remède, & qu'il eſt, à peu de choſe près, le même pour tous les cas. On devroit donc avoir pluſieurs tuyaux de différent calibre & de différente longueur, afin de pouvoir augmenter ou diminuer à volonté la force, l'étenduë & la véhémence de la Douche: car ſi la maladie exigeoit, par exemple, une Douche très-forte & très-vive, le cornet

(t) Il conviendroit que la Ville d'Aix fournît aux doucheurs les différens cornets néceſſaires, pour varier les Douches ſelon le béſoin: cette dépenſe ſeroit peu coûteuſe; & d'ailleurs, l'affluence des étrangers, attirés par toutes ces ſortes de commodités, la dédommageroit amplement de tous ces petits fraix.

doit alors néceſſairement être long, & d'un diamètre fort étroit, pour que, ſelon les loix de l'Hydraulique, la colomne d'Eau étant ramaſſée, & preſſée de ſortir par une petite ouverture, ſoit beaucoup plus accélérée dans ſa vîteſſe & ſa rapidité, & frappe par conſéquent des coups bien plus vifs & plus ſenſibles. S'il s'agiſſoit, au contraire, de ne porter que des ſécouſſes douces & peu violentes, l'ouverture du tuyau devra être augmentée dans ſa largeur, & diminuée dans ſa longueur, pour donner une certaine étenduë à la colomne d'Eau, & modérer l'activité de ſon mouvement.

Le ſecond défaut provient de ce que l'Eau qui ſort des Sources, ne jaillit ni d'un lieu aſſez élevé, ni en aſſez grande quantité, quoique cependant elle puiſſe tomber de plus haut, & être plus abondante: Car, plus le jet de l'Eau ſeroit abondant & auroit de chûte, plus auſſi ſon choc ſeroit violent. Ces deux conditions contribueroient, ſans doute, autant à la variété des Douches, qu'à leur efficacité.

Le troiſiéme défaut eſt dans l'inattention & la manière d'agir machinale des Doucheurs. En effet, lorſqu'ils donnent la Douche aux parties ſituées au deſſous du nombril, & ſurtout aux extrémités inférieures, j'ai toujours remarqué que la colomne d'Eau qui ſort du tuyau, ne tomboit jamais ſur la partie affectée, mais ſeulement ſur la ſurface de l'Eau, dans laquelle baigne ordinairement la moitié du corps du malade, qui, étant aſſis, ne peut, bien ſouvent, ſortir ni ſoutenir ſes membres hors de l'Eau: De-là vient que la plûpart de ces Douches ſont abſolument infructueuſes, parcequ'elles n'ont pû atteindre le mal, ni le frapper à plomb, ou n'ont fait que l'effleurer en passant ; & que souvent deux Douches données avec attention, feroient plus d'effet, que six données de cette façon défectueuse. Il seroit donc à propos, pour remédier à cet inconvénient, qui est de très-grande importance, que le malade fût assis sur un petit tabouret, dont le siége éléveroit tout son corps au-dessus du niveau de l'Eau, & le mettroit dans une situation à pouvoir être librement exposé à toute l'action de la colomne aqueuse (*u*).

La force de la Douche doit être proportionnée à sa durée ; & l'une & l'autre doivent l'être à la nature & au dégré de la maladie. Il arrive quelquefois que le malade, soit par foiblesse, soit par quelque autre cause, tombe en défaillance en prenant la Douche ; le plus sûr moyen est alors de la suspendre, de donner de l'air au malade, en le sortant de dessous la voûte, & lui faire respirer du vinaigre, ou quelque autre liqueur spiritueuse, dont il est à propos d'être toujours muni quand on y va. Mais si le malade prenoit des syncopes à chaque Douche, il faut examiner s'il n'est point nécessaire de le purger de nouveau, parcequ'elles dépendent souvent de saburre amassée dans les premières voies ; & si le purgatif n'y remédie pas, on doit y renoncer : c'est une preuve que le malade n'est pas en état de soutenir ce remède.

(*u*) J'ai souvent été dans le cas d'observer toutes ces manœuvres vicieuses, de donner la Douche, pendant vingt jours que j'ai assisté à celles que prenoit ma Mère ; & plusieurs autres malades m'ont encore depuis mis à portée de voir que ces défauts étoient constans généralement pour la plûpart de ceux qui prennent la Douche.

Il y a des circonſtances qui empêchent de prendre la Douche tous les jours; on en met alors un ou deux d'intervalle, ſurtout quand le malade eſt d'une conſtitution delicate, que la Douche cauſe de l'agitation, ôte le ſommeil & les forces : on doit abſolument l'abandonner, ſi elle donne du dégoût & de l'inappétence. C'eſt un ſigne aſſuré qu'elle eſt nuiſible, ſi même après un léger purgatif, tous ces ſymptômes ne diſparoiſſent pas.

C'est toujours à la Source inférieur, appellée Eau de Souffre, qu'on va ſe faire doucher; & il eſt très-rare qu'on aille à la ſupérieure, dite Eau d'Alun. On prend ordinairement une Douche par jour, & on les continue juſqu'à ce que le nombre fixé ſoit complet, à moins qu'il ne ſurvienne quelque obſtacle. Il eſt moins ordinaire qu'on en prenne deux dans le même jour, quoique cependant il y ait pluſieurs cas qui le demandent. La quantité des Douches étant rélative à la cauſe du mal, à ſa force & à ſon ancienneté, il eſt par conſéquent difficile de la déterminer : la plus grande partie des malades en prend douze, & même quinze; quelques-uns vont juſqu'à vingt & vingt-cinq; mais je n'ai pas vû paſſer ce nombre, du moins conſécutivement; & je penſe qu'il y a de la témérité & du danger d'aller plus loin ſans néceſſité. On doit interrompre la Douche, ſi les règles chez les femmes, & les hémorroïdes chez les hommes, ou une hémorragie quelconque, ſurvenoient aux uns ou aux autres pendant ſon uſage. Trois à quatre Bains ſont une des meilleures préparations à la Douche, ſurtout ſi elle doit être générale; ils ouvrent les pôres, nettoyent la peau, & la diſpoſent à recevoir ſon impreſſion.

Dès que la Douche eſt priſe, on envéloppe le malade dans un grand drap; on met ſes habillemens ſur ce drap, & pardeſſus le tout une couverture de laine : la tête eſt couverte d'un bonnet ou d'une coëffe, autour deſquels on ajoute encore une ſerviette, ſurtout ſi on a pris la Douche à cette partie. On emporte le malade chez lui, & on le couche dans un lit ſuffiſamment chaud pour maintenir la tranſpiration que la Douche avoit commencé d'exciter. Le lit doit être plus chaud au ſortir de la Douche, que lorſqu'on ſort du Bain ; parceque la Douche agite davantage, & que ſon but eſt le plus ſouvent de favoriſer la tranſpiration : Cependant, trop de chaleur ſeroit nuiſible ; car lorſque la circulation du ſang acquiert trop de vélocité, rien ne s'oppoſe plus à l'excrétion qu'on veut ſe procurer par la Douche. Si le malade avoit quelques remèdes ou quelque nourriture à prendre, il doit le faire environ demi-heure après avoir reſté au lit, lorſqu'il aura changé de linge, & que la ſueur aura déja diminué ou totalement ceſſé (x). La nourriture qu'on eſt dans l'habitude de donner aux malades qui reviennent de la Douche, eſt ordinairement un bon conſommé fait avec du bœuf & de la volaille, ou quelque reſtaurant, tels que les vins d'Eſpagne ou une taſſe de chocolat. En général, les différentes précautions que

(x) Plenus ſtomachus cæteras functiones quaſque imminuit ; naturâ in id unum quaſi intentâ, ut concoquat. Voyez le Comment. de Mr. Lorry, Doct. de Paris, ſur la Médecine Statique de Sanctorius, pag. 193.

l'on prend pendant l'usage de la Douche, doivent être rélatives à la maladie : ainsi quand la Douche sera seulement locale, elles devront conséquemment être moindres, que lorsqu'elle sera universelle.

C'EST sans aucune raison ni fondement, qu'on ne prend jamais, ou du moins très-rarement, la Douche à la Source supérieure, dite d'Alun ; les Médécins même, se laissant entraîner au préjugé, ne la prescrivent pas : cependant il n'est pas douteux que celle-ci seroit tout aussi, pour ne pas dire plus, salutaire dans certains cas, que celle de l'autre Source : Je suis même d'avis qu'on devroit toujours terminer, par quelques Douches à cette Source, le nombre de celles qu'on avoit commencé de prendre à celle des Eaux de Souffre : il seroit même très-utile, dans plusieurs circonstances, telles que dans les vices locaux qui affectent les extrémités supérieures ou inférieures, de ne se doucher qu'à celle qui est la moins sulfureuse, surtout s'il étoit question de fortifier les parties ; parceque la Douche des Eaux de cette Source auroit beaucoup plus d'effet, à raison de leur plus grande quantité de sélénite & de terre calcaire, qui, s'introduisant entre les différentes fibrilles, les rendroient plus denses & plus compactes, & leur donneroient plus de force. Au reste, on devroit se conduire en tout dans ces Douches, à peu-près de même que dans celles qu'on prend à la Source ordinaire.

TELLES sont les différentes manières & méthodes d'user des Eaux Thermales d'Aix, Boissons, Bains, Lotions & Douches. Mais, soit qu'on les employe extérieurement, soit intérieurement, elles demandent un régime de vivre particulier & analogue à la cause de la maladie; c'est-à-dire, comment il faut, pendant ce tems-là, se conduire dans l'usage des six choses non naturelles, & comment on doit en éviter l'abus: Régime qui est très-négligé, parcequ'on ne le croit pas assez essentiel, & qui cependant est la base du rétablissement de la santé (y). On va donc indiquer en général ce qui constitue ce Régime, & en quoi il consiste particulièrement.

ARTICLE II.

Du Régime de vivre & des Choses non-naturelles.

LA pratique qu'on doit suivre pour user avec ordre & d'une manière règlée, des choses appellées dans les Ecoles, *non-naturelles*; c'est-à-dire, de tout ce qui est nécessaire à la vie animale, & de ce qui en est inséparable, tant en santé qu'en maladie; cette pratique, dis-je, est ce qu'on nomme *Régime de vivre*. Ce Régime peut être considéré sous trois points

(y) Il n'est pas rare de voir à Aix, que chacun veut conseiller aux malades la façon dont ils doivent se conduire, tant par rapport aux Eaux, que par rapport au régime; mais il est en même tems aisé de s'appercevoir que tous ces Médicastres n'ont qu'une seule & même récette pour tous: on n'y a aucun égard à l'homme avancé en âge, & à l'adulte; & souvent la différence des sexes n'y entre pour rien. Il est cependant certain que tous ne doivent pas suivre la même route, & que toutes ces erreurs, qui paroissent de petite conséquence à qui ne connoît pas les loix de l'économie animale, n'en sont pas moins réelles, & influent, plus qu'on ne croit, sur la guérison de la plûpart des malades.

de vuë généraux, comme conservatif, comme préservatif & comme curatif, selon les différentes circonstances, qui en exigent une exacte observation. On ne fera que prescrire ici le Régime préservatif & curatif, parcequ'il s'agit de remédier à des maux actuels & à des tempéramens délabrés : L'un & l'autre de ces Régimes consistent dans un usage des six choses non-naturelles, approprié au genre de la maladie & à la constitution du malade. Or, les choses qu'on appelle non-naturelles (z), sont l'air, les alimens solides & liquides, le mouvement & le repos, la veille & le sommeil, les excrémens & les récrémens, & les affections de l'ame. Comme l'usage de ces différentes choses entre pour beaucoup dans le Régime qu'il est nécessaire d'observer en prenant les Eaux, il est à propos de traiter en abrégé de chacune d'elles en particulier (a).

De l'Air.

L'AIR est un être dont aucun animal ne peut se passer pour l'entretien de sa vie : il est si nécessaire à tous, soit terrestres ou aquatiques, que privés de ce fluide, ils la perdent plûtôt ou plus tard, selon leur différente structure. S'il est le premier &

(z) Hoc nomine donatæ, quia usu vel abusu, bonæ naturales, aut malæ contrà naturales fieri queunt. Boërhaave, Instit. Médic. no. 745.

(a) Nec semper in malorum curationibus ægri stomachus syrupis atque conservis satiandus est, & implendus ; regularis enim vivendi modus, debitusque sex rerum non naturalium usus & ordo, citiùs multò morbum sæpè sanant, quam pharmacopolarum centeni pulveres. Bagliv. de fibr. motr. specim. lib. I. cap. 12.

le meilleur des alimens (b) de l'enfant dès qu'il est né, de l'adulte & du vieillard ; il est souvent aussi l'agent le plus commun de nos maladies : véhicule dans lequel flottent toutes les parties invisibles, émanées des corps de la nature : Heureux est le tempérament qui résiste le mieux à ses effets pernicieux. Mais puisqu'il fait des impressions sur les corps sains, de combien ne seront-elles pas plus sensibles sur ceux qui sont malades, & de combien de précautions ceux-ci ne doivent-ils pas user, pour éviter celles qui peuvent augmenter leurs maux ?

Il est certain que les différentes altérations de l'Air affectent très-sensiblement les solides & les fluides : Les personnes travaillées de maladies nerveuses, de douleurs rhumatismales, de luxations, fractures ou contusions, en font assez la triste expérience dans les variations de l'atmosphère, surtout lorsqu'elles sont promptes & soudaines. La chaleur & le froid, la séchéresse & l'humidité, sont les qualités de l'Air qui produisent le plus de changemens dans le corps humain. On doit principalement avoir égard à ces différentes qualités, pendant qu'on usera des Eaux d'Aix en Bains & en Douches. Il convient donc en général d'éviter l'Air chaud & l'Air froid ; parceque celui qui auroit un certain dégré de chaleur, non assez fort pour dessécher ou détruire les solides, allongeroit & relâcheroit les fibres,

(b) L'acception du mot *Aliment*, ne doit pas être prise dans le sens ordinaire : je sais que l'air ne peut être regardé comme une substance propre à être mâchée & avalée ; mais je le considère ici en tant qu'il est un des principaux mobiles nécessaires à la vie.

déja renduës lâches par l'effet des Eaux : De-là s'ensuivroient l'abbatement & la foiblesse. D'ailleurs l'Air trop chaud étant déja extrèmement nuisible aux poûmons, il le déviendroit encore davantage à ceux qui boiroient les Eaux pour rétablir leur poitrine. Comme la chaleur de l'Air est en outre la règle de la quantité de la transpiration sensible & insensible, il est évident que la force des Douches & la durée des Bains, doivent aussi être proportionnées à cette cause.

On peut aisément déduire les effets de l'Air froid, par ce qu'on vient de dire de ceux de l'Air chaud; on ne craint pas même d'avancer que l'Air froid est beaucoup plus dangereux pendant l'usage des Eaux thermales, que le chaud. En effet, on a vû ci-devant que ces Eaux relâchent le tissu de la peau, & en ouvrent les pores; par conséquent l'Air froid qui agit en resserrant les fibres & diminuant le mouvement du sang dans ses vaisseaux, causeroit, en produisant un effet tout opposé, de plus grands désordres que ceux qu'on voudroit tâcher de détruire.

L'humidite' de l'Air est encore une de ses qualités qu'on doit soigneusement éviter dans tous les mêmes cas (*c*); elle cause le relâchement & l'atonie dans les fibres animales; il deviendroit donc extrèmement pernicieux, surtout à ceux qui seroient aux Eaux pour des tremblemens, des paralysies & autres maux provenans d'une grande foiblesse dans le systême ner-

(*c*) Aër plus justo humidus, aut ventosus moratur perspiratum. *Sanctorius* sect. 2. aphorism. 60.

veux ; de même qu'à ceux chez qui les humeurs épaisses, en circulant lentement, sont disposées à former des engorgemens dans les différens viscères.

L'AIR sec produit des effets contraires à ceux de l'Air humide : il dissipe les huiles volatiles animales, diminue la capacité des pores cutanés, & influe beaucoup sur la transpiration ; je le crois cependant plus salutaire que tout autre aux malades qui usent de la douche, dans la vüë de fortifier & de donner du ressort aux parties dont le relâchement est porté à un certain point. La trop grande sécheresse de l'Air peut à la vérité changer la texture des fibres & détruire l'organisation (*d*) ; mais nous sommes heureusement placés dans un climat où nous n'avons pas à craindre de semblables effets. En général l'Air qu'on respire à Aix, est des plus sains (*e*) ; les vapeurs sulfureuses qui exhalent sans cesse des Eaux, le rendent surtout très-propre à ceux qui sont affectés de la poitrine : on y voit même rarement les

(*d*) Tels sont ces vents si dangereux & souvent mortels, qui soufflent quelquefois dans l'Arabie-Pétrée, & dans l'Irac-Arabi le long du Golfe Persique, depuis le 15 de Juin jusqu'au 15 d'Août : ce vent, auquel on donne le nom de *Samyel*, tue sur le champ ceux qui sont exposés à son action ; mais il n'opère son effet qu'à quelque distance de la terre : de-là vient que les Voyageurs se couchent promptement la face contre la poussière, tenant à la main la bride de leurs chevaux, qui, par un instinct naturel, baissent la tête entre leurs jambes jusqu'à terre. *Hist. Nat. de l'Air par Mr. l'Abbé Richard*, T. I.

(*e*) La peste régnant à Chambéry en 1564, le Sénat & la Chambre des Comptes quittèrent cette Ville au commencement de Novembre pour aller tenir leurs Séances à Aix, où, par rapport à la salubrité de l'air, ils demeurèrent jusqu'à la fin du mois.

habitans être sujets aux maladies de cette partie, & ils parviennent d'ailleurs à un âge assés avancé.

Il est à-propos que ceux qui viennent aux Eaux d'Aix, choisissent, autant qu'il sera possible, des chambres assés grandes; sans être cependant froides, & situées de façon à pouvoir être balaïées par les vents, au moins une fois dans le jour, pour chasser les exhalaisons animales assez abondantes, provenans de la sueur causée par les bains ou la douche, & de toutes autres vapeurs malfaisantes. Après avoir pris le bain ou la douche, il seroit dangéreux de sortir d'abord de la chambre, & de s'exposer à l'Air, principalement s'il étoit trop chaud ou trop froid, ou que le tems fût pluvieux, à moins d'être alors un peu plus habillé; il faut au moins avant de sortir, mettre un intervalle de deux heures. Les vents qui soufflent du côté du Lac, sont aussi, par la même raison, les moins salutaires en pareil cas, à cause des vapeurs humides dont ils se chargent en passant sur sa surface; il convient de choisir plûtôt sa promenade du côté de Chambéry, que du côté de Genève, parceque les vents de sud & de sud-est, qui se font le plus souvent sentir de ce côté, traversant des collines, des terres cultivées & des prairies, donnent à l'Air une qualité beaucoup moins nuisible, & bien plus analogue à l'effet des Eaux (*f*).

Les précautions à prendre pendant l'usage des Eaux, rélativement aux différentes qualités de l'Air,

(*f*) Nam ferè ventus ubique à mediterraneis regionibus veniens salubris: à mari gravis est. Corn. Celsus, cap. 1. lib. 2.

& à leurs différens effets, sont d'une importance plus grande qu'on ne pense ; c'est pourquoi j'ai crû qu'il étoit d'autant plus nécessaire d'entrer dans ces détails sur l'Air, que c'est un agent qui, dans ces circonstances, frappe sans cesse sur des corps dont la texture, presque toujours abreuvée d'humidité par les bains ou par la douche, devient bien différente de ce qu'elle seroit dans un autre tems : il influe d'ailleurs beaucoup sur la transpiration, qui est le but auquel souvent le Médécin dirige presque toutes ses vûës dans la plûpart des cas dont il s'agit ici : ainsi telle qualité de l'Air qui pourroit être propre dans certaine période de la vie, ne conviendroit pas dans telle autre.

Des Alimens Solides et Liquides.

On comprend ordinairement sous le nom d'Alimens, & ceux qui étant solides, ont besoin d'être broyées par la mastication, & ceux qui étant pris en boisson, n'exigent aucune préparation dans la bouche pour être avalés. De la juste quantité, comme de la qualité des uns & des autres, dépend l'intégrité de toutes les fonctions du corps humain ; & si l'on est d'accord que leur choix & leur proportion sont nécessaires dans l'état de santé, à plus forte raison devra-t-on convenir de cette même nécessité dans l'état de maladie. Lorsque notre corps est sain, le mouvement ordonné des fluides & des solides détruiroit les uns & dissiperoit les autres, si la nature, cette mère sage & prévoyante, ne nous offroit des Alimens tant solides que liquides pour réparer nos pertes ; mais quand ce corps se trouve affecté par le désordre qui règne alors entre ces fluides & ces solides, cette même nature nous a encore indiqué des Alimens propres à cet état, & seuls capables de nous rétablir : de-là il sera aisé de conclure que les corps malades ne doivent pas se nourrir de la même manière que ceux qui sont en santé, & que les Alimens salutaires aux uns, déviendroient nuisibles aux autres.

QUOIQUE la plûpart de ceux qui viennent aux Eaux, ne se regardent pas absolument comme malades, il est cependant vrai que s'ils ne sentoient quelque dérangement dans leur santé, ils n'y viendroient pas; & comme les règles que je prescris pour le boire & le manger, sont principalement pour eux, les autres se trouvent exempts de les suivre. D'ailleurs il m'a paru que ceux qui viennent aujourd'hui aux Eaux, aiment à y vivre un peu trop délicieusement; aussi ai-je souvent observé que ce genre de luxe, qui, de même que les autres, a beaucoup augmenté depuis quelque tems, ne s'accorde du tout point avec l'usage de ces mêmes Eaux, & empêche souvent leur action sur des tempéramens dont l'estomac n'est pas en état de digérer toutes sortes d'Alimens : il est donc absolument nécessaire aux Malades de ne pas suivre pour les alimens, le même Régime de ceux qui sont en bonne santé.

PUISQUE la principale action des Eaux, est de favoriser la transpiration, & que les alimens en fournissent la matière, il est prudent, pour en ressentir le plus grand effet, d'en faire un choix approprié. Il est de règle générale que de quelque façon qu'on prenne les Eaux, on doit le faire l'estomac vuide, ou tout au moins, lorſqu'au bout de cinq à ſix heures la digeſtion eſt cenſée finie ; ſans quoi le trouble porté dans cette fonction, dérangeroit abſolument la machine.

ENTRE les alimens ſolides les plus communs & les plus nourriſſans que fournit le règne végétal, le pain de froment tient le premier rang ; mais l'uſage de celui qui eſt bis, & qui a un jour dépuis ſa cuiſſon, eſt ſans contredit préférable au pain blanc & frais ; les eſtomacs foibles le digéreront plus aiſément, & il fournira une nourriture plus riche aux robuſtes : il ſeroit encore meilleur, ſi on n'y mettoit que très-peu, ou point de ſel. Les eſtomacs froids & relâchés devront plûtôt uſer de la croute que de la mie de pain, à moins que les dents manquent, ou ne ſoient pas en bon état, parceque celle-ci en augmenteroit le relâchement.

LE riz eſt après le pain l'aliment le plus ſain que je connoiſſe (g) : on le mange communément parmi nous en ſoupe : il a l'avantage ſur les autres farineux de convenir à tous les eſtomacs ; & je ne ſaurois aſſez le conſeiller après la douche, ſurtout à ceux qui ſont atteints de douleurs rhumatiſmales dans les articulations ; il eſt même préférable pour lors au vin ou au chocolat, parcequ'il fortifie en nourriſſant, ſans porter de la chaleur comme eux.

(g) Le pain fait avec la farine de riz, ſeroit, à mon avis, ſuperieur en bonté à celui fait avec celle de froment ; on lui réproche, il eſt vrai, de tourner aiſément à l'acidité ; mais ce défaut peut provenir de la mauvaiſe façon de le préparer, comme cela arrive auſſi quelquefois au pain de froment.

D'ailleurs, les alimens pris à la cuiller, ont un avantage sur ceux qui sont plus solides, particulièrement dans les cas où il est bésoin de réparer immédiatement les forces, parcequ'ils se mêlent plus promptement à la masse du sang, & qu'ils ont moins bésoin de travail, de la part de l'estomac, pour être digérés. Les autres semences farineuses doivent, pour la plûpart, être bannies de la nourriture de ceux qui sont aux Eaux; j'en excepte néanmoins la sémoule, la farine du maïs & les pâtes d'Italie; mais ils peuvent, sans crainte, user de la plûpart des légumes potagers; tels sont la laituë, le pourpier, les épinards, les asperges, les navets, la chicorée, &c. La salade convient peu avec les Eaux, prises surtout en boisson; cependant on peut se permettre celle de cresson de fontaine, à dîner seulement. Les fruits tendres, doux, de bonne saveur, & qui ont acquis leur dégré de maturité, fourniront un aliment salutaire à ceux dont l'estomac ne donne aucun signe de foiblesse ou de crudités acides. Ceux au contraire qui useront des Eaux pour des affections de poitrine, devront s'en abstenir, où, tout au plus, pourront manger quelques poires & pommes cuites avec du sucre: Les fraises, framboises, & autres fruits rouges à peu-près de même nature, doivent être regardés comme un aliment dangéreux pour les malades qui boivent les Eaux afin de rétablir les fonctions de l'estomac, & surtout quand ils les mêleront avec le lait. On pourroit seulement leur permettre l'usage de ces fruits, lorsqu'ils sont mariés avec le sucre, sous la forme de gelées, de marmelades, & autres de cette espèce. En général, quoique la la diéte végétale soit la plus saine, cependant, comme relâchante & raffraîchissante, elle ne doit point absolument être celle des malades, dont le système nerveux & vasculeux est affoibli, & qui prennent la douche dans le dessein de le fortifier.

DANS le règne animal, comme dans le végétal, il y a différentes sortes d'alimens : les quadrupédes, les volatiles & les poissons, offrent chacun le leur. Parmi les quadrupédes, le bœuf, le veau & le mouton sont ceux dont il convient plus particulièrement de se nourrir : le bouillon doit être fait avec du bœuf, un peu de veau & la moitié d'une volaille, surtout pour ceux qui en prennent à la sortie du bain ou de la douche ; on peut y jetter quelques plantes, afin de lui donner plus de goût, & le rendre en même tems plus médicamenteux : telles sont les raves, le cerfeuil, les navets, poireaux, &c. Le bœuf bouilli est une nourriture dont les malades ne devront user que très-sobrement, parceque la coutume de le trop faire cuire, n'y laisse que la partie fibreuse la plus grossière & dénuée de tout son suc; & que pour lors, se digérant difficilement, il ne produit que des viscosités. Le veau & le mouton rôtis seront la nourriture la plus saine pour les différens cas, & en même tems la plus agréable aux différens tempéramens. Les viandes salées, surtout celle de porc, doivent totalement être excluës de la table de ceux qui prennent les Eaux : Cette dernière est particulièrement dangéreuse dans les douleurs de goutte, de rhumatisme, & dans les maladies de la peau, parcequ'elle diminue la transpiration, & fournit un chyle épais & visqueux, qui augmenteroit le levain de ces maladies. Quant au gibier quadrupéde, il n'y a guères que le liévre rôti, & principalement le lévreau, dont on puisse faire usage en pareille circonstance.

Les volatiles sont une classe du règne animal, dont la chair l'emporte de beaucoup sur celle des quadrupédes, pour la délicatesse : elle est, à la vérité, moins nourrissante ; mais aussi elle a l'avantage de se digérer plus aisément. Il n'y aura donc aucun aliment plus salutaire pour ceux qui sont aux bains, que la chair des oiseaux domestiques. Les dindonneaux, les poulets & pigeons rôtis, les poules grasses au pot, sont ceux qui fourniront un suc des plus doux & des plus restaurans, & procureront le meilleur chyle. Les œufs frais de poule, qu'on doit regarder comme une lymphe animale, dont la substance gélatineuse est la matière prochaine de la nutrition, sont l'aliment le plus excellent, quoique le plus commun ; on les préfére, de quelle façon qu'on les mange, à tous les autres œufs connus : cependant ils ne conviennent jamais mieux, que lorsqu'ils sont légèrement cuits à la coque ; c'est alors la nourriture la plus facile à digérer pour qui que ce soit, & surtout pour les convalescens. Les autres oiseaux sauvages, connus sous le nom de gibier, tels que la perdrix, la caille, la grive, l'alouette, &c. fournissent un mets très-délicat, mais qui flatte plus qu'il ne nourrit : ils sont plûtôt faits pour garnir la table des gens sains ou des riches, que pour celle des malades.

Les poissons, qui forment la troisiéme classe du règne animal, procurent un aliment qui nourrit plus que les végétaux, rélativement à la plus grande quantité d'huile qu'ils contiennent ; mais ils ſont moins nourriſſans que les volatiles & les quadrupédes. Le poiſſon plaît généralement à preſque tous les malades ; & il y a peu de pays auſſi abondant en poiſſon d'eau douce, & où il ſoit d'un goût auſſi délicat, qu'en Savoye ; la conſommation qui s'en fait à Aix, pendant le tems des Eaux, eſt prodigieuſe (*h*) : cependant, parmi le nombre, on préférera ceux dont la chair eſt facile à digérer ; tels ſont la truite, la perche, la lotte, l'ombre & le brochet ; on peut y joindre la laitance de carpe ; nourriture très-ſalutaire, ſurtout pour les convaleſcens & les eſtomacs délabrés. Les autres poiſſons, tels que l'anguille, la carpe, la tanche & la brame, ſont moins ſains, parcequ'ils fourniſſent des humeurs groſſières & viſqueuſes. D'ailleurs il n'en eſt pas des poiſſons comme des oiſeaux & des quadrupédes ; plus ceux-ci ſont jeunes, plus ils ſont recherchés ; ceux-là ſont, au contraire, préférables lorſqu'ils ſont vieux, gros, & ſurtout quand ils n'ont pas le goût de la vaſe : mais comme aucune chair ne ſe corrompt auſſi promptement que celle des poiſſons, il faut avoir grand ſoin de ne pas les garder longtems ; ils déviendroient alors un aliment des plus dangéreux.

(*h*) Le Lac du Bourget, qui n'eſt pas éloigné de plus d'une demi-lieuë, en fournit abondamment de toute eſpèce, & entr'autres une appellée *Lavaret* : c'eſt un poiſſon de très-bon goût, & qui ne ſe rencontre point ailleurs : on a même eſſayé d'en tranſporter dans le Lac de Genève, & dans pluſieurs autres rivières, étangs & lacs pour le faire multiplier, & jamais on n'a pû y réuſſir.

PARMI les alimens liquides naturels, l'eau tient, ſans contredit, le premier rang. Comme c'eſt la boiſſon la plus univerſellement répanduë (*i*), elle eſt auſſi de toutes la plus convenable pour l'entretien de la ſanté (*k*) : Toutes les autres boiſſons ſont altérantes, tandis que celle-ci nourrit & poſſéde pluſieurs bonnes qualités : Elle aide puiſſamment à la digeſtion par ſa vertu diſſolvante ; & l'on peut ſur ce point conſulter les buveurs d'eau. Les malades qui ſeront aux Eaux d'Aix pour des affections rhumatiſmales, goutteuſes, cutanées, de même que pour celles de poitrine & pluſieurs autres, dans leſquelles il ſeroit dangéreux de porter du feu & de l'irritation, ne doivent ſe permettre que l'eau pure, pour ſeule & unique boiſſon, ou mêlée avec du ſucre ou du bon miel, ou, tout au plus, un tiers de vin ſur deux tiers d'eau. En général, on s'en trouvera bien de s'en tenir à l'eau, pourvû qu'on en prenne peu-

(*i*) Les Nations qui n'ont que l'Eau pour unique boiſſon, ſont infiniment plus nombreuſes que celles qui boivent du Vin. L'Auteur de la nature a abondamment pourvû toutes les régions connuës de l'une, il n'en eſt pas de même de l'autre ; la plante qui porte le raiſin, ne fructifie que ſous certains climats, comme bien d'autres plantes utiles à notre conſervation ; celle-ci nous avoit ſans doute été donnée pour réparer nos forces, & nous ſoutenir dans le beſoin, & non pour en faire un abus journalier, qui, par-là même, eſt devenu la cauſe d'une infinité de maux, tant dans le moral, que dans le phyſique.

(*k*) On a cherché pendant longtems un remède univerſel ; l'Eau eſt la ſeule ſubſtance qui puiſſe mériter ce titre : *Elle convient*, dit Fréderic Hoffman dans ſa Diſſert. *parfaitement à toute ſorte de conſtitutions, & à toutes ſortes d'âges & de tems.*

à-peu l'habitude ; j'en excepte cependant les estomacs foibles, délicats, & les tempéramens pituiteux.

De toutes les liqueurs fermentées, le vin est la plus agréable & la plus saine (*l*) ; c'est une boisson que prennent avec plaisir presque tous ceux qui la connoissent; je ne pense même pas qu'on doive l'interdire aux malades, lorsqu'ils en usent avec modération : il sera surtout très-salutaire à ceux qui prennent la douche & les bains; il fortifiera leur estomac, ranimera les forces dans l'instant, & favorisera la transpiration. C'est le vin d'Alicante qui convient le mieux dans ces cas; & à son défaut, on choisira quelque autre vin vieux du païs, & bien mûr (*m*). Quant aux autres malades, qui font un usage journalier du vin, ils doivent toujours, dans leurs repas, le mêler avec l'eau; la proportion de ce mélange ne peut être fixée que sur la qualité du vin, l'habitude, l'âge, la constitution, le sexe, la saison & le climat. Les vins blancs devroient être généralement préférés aux rouges, parcequ'ils passent plus aisément par la voie des urines; mais les uns & les autres ne doivent point être de l'année. Ceux qui prendront les Eaux contre des toux opiniâtres, des commencemens de phtysie, & contre la goutte, doivent s'en priver,

---

(*l*) Je ne fais point ici mention du Cidre ni de la Biére, les Malades ne devant pas en user en pareilles circonstances.

(*m*) Quoique la Savoye soit coupée par des montagnes, elle n'en est pas moins un pays très-fertile & abondant en bons Vins ; tels sont autour de Chambéry ceux de Montmeillant, de Chautagne, de Maretet, de Crouet, St. Jean de la Porte, Monterminoz, & plusieurs autres, dont l'énumération seroit trop longue.

ſurtout pendant leur uſage : il n'en ſera pas de même de ceux qui ſont atteints de paralyſie, ou autres maux dépendans d'une atonie dans les nerfs ; le vin chez eux réveillera la circulation preſque toujours languiſſante, redonnera du ton aux fibres nerveuſes, & procurera une plus grande ſécrétion d'eſprits animaux.

Le chocolat préparé à l'eau, au lait ou à la crème, eſt une boiſſon nourriſſante, très-gracieuſe, & fort en uſage aujourd'hui : pour le rendre plus agréable, on mêle avec le cacao pluſieurs ſortes d'aromates, comme la canelle, la vanille, l'ambre-gris, &c. mais cette méthode, en flattant le goût, dévient des plus pernicieuſes pour la ſanté : on doit préférer la plus ſimple, celle où il n'eſt compoſé qu'avec le ſucre ; le chocolat eſt alors ſtomachique, pectoral & propre aux perſonnes foibles : Je ne ſaurois aſſez le conſeiller de cette façon à la ſortie de la douche & du bain, ſurtout étant fait à l'eau : Ceux au contraire qui ſeront affectés de maux de poitrine, ou dont les fibres ſont rigides & aiſées à émouvoir, doivent le prendre au lait ou à la crème.

Quant au caffé, les différens maux cauſés par l'abus général qu'on en fait preſque partout, & dans tous les états, ſont ſuffiſans pour prouver ſes qualités nuiſibles : on auroit moins recours à cette boiſſon, ſi on étoit plus ſobre ; mais comme ceux qui uſeront des Eaux d'Aix, ſeront en même tems obligés de vivre de régime ; ils n'auront pas béſoin d'elle contre les indigeſtions, les maux d'eſtomac & les péſanteurs de tête. Cependant, pour accorder quelque choſe à l'habitude, ceux qui en prennent ordinairement le matin, le corrigeront avec beaucoup de lait ou de crème & le sucre. On doit absolument se priver de celui qui sera fait à l'eau ; on peut, tout au plus, le permettre une ou deux fois dans la semaine, comme médicament, à ceux dont les humeurs croupissent & circulent avec peine, comme dans les affections soporeuses chez les paralytiques, les tempéramens gros, gras ou pituiteux.

Il seroit hors de propos de parler des différentes liqueurs spiritueuses ; personne n'ignore combien elles sont faites pour abréger les jours des gens en santé, à plus forte raison de ceux qui ne viennent aux Eaux que pour la rétablir. Quant aux liqueurs rafraîchissantes ; l'orgeat, la limonade, l'eau de groseille & le syrop de vinaigre, sont les seules dont on puisse user sans crainte ; mais il faut s'en abstenir dans le tems de la digestion, parcequ'elles dérangent particulièrement cette fonction. Les glaces surtout seront pernicieuses à ceux qui usent des Eaux en boisson, & aux estomacs froids & remplis de glaires ; elles sont lourdes, occasionnent l'engourdissement de ce viscère, & ôtent à sa membrane veloutée sa sensibilité, & aux sucs gastriques toute leur énergie. Les boissons acidules devront aussi être interdites à ceux qui boiront les Eaux coupées avec le lait, crainte de le faire cailler.

Il restoit enfin à dire quelque chose sur les alimens composés & assaisonnés, dans lesquels les trois règnes paroissent se confondre : De ce nombre sont la pâtisserie, qui est très-difficile à digérer ; les ragoûts ; & tous les autres mets que la délicatesse & la gourmandise ont inventé : mais comme il n'est pas posſible d'en bannir totalement l'uſage, j'avertis ceux ſurtout qui boiront les Eaux pures ou coupées avec le lait, de ſe tenir en garde contre ces ſortes d'alimens, dont les parties actives ſeroient immédiatement portées, avec le liquide minéral, dans la maſſe des humeurs. Les autres qui prendront la douche & ſe baigneront, devront auſſi obſerver beaucoup de ſobriété ſur tous ces différens apprêts, qui, excitant l'appétit, engagent à manger beaucoup plus: alors la digeſtion ſe faiſant en différens tems, à cauſe de la différente nature des alimens, il en réſulte néceſſairement des troubles dans l'eſtomac & dans toute l'économie animale (*n*).

Le lait, conſidéré comme boiſſon alimenteuſe, auroit dû trouver place dans cet Article; mais comme on en a fait mention dans celui où eſt indiquée la manière de boire les Eaux, je n'ai pas crû devoir particulièrement en parler: ce ſujet d'ailleurs paroît plûtôt appartenir à ce qu'il convient d'obſerver lorſqu'on uſe de la diéte laiteuſe pour toute nourriture.

Du Mouvement et du Repos.

Si le Mouvement eſt le principe de notre vie, il l'eſt auſſi de notre deſtruction. Qu'un corps animé ſe meuve & s'exerce au-delà de ſes forces; il tombe dans la langueur & l'abbatement, il dépérit à vûë d'œil; & la déperdition excédant la réparation, il

---

(*n*) Eſt autem prava victûs ratio, cùm varios & diſſimiles interſe cibos immittit: diſſimilia enim ſeditionem excitant, & alia citiùs, alia tardiùs concoquuntur. *Hypocrat. Lib. de Flatibus.*

s'éteint peu à peu & finit. Que ce corps, au contraire, demeure dans l'inaction; la pésanteur s'empare de tous ses membres, ils s'engourdissent; les articulations se rouillent pour ainsi dire; le cœur n'a plus la force de pousser les liqueurs déja prètes à s'arrêter: la mort arrive enfin, & termine le tout. Un juste milieu entre le mouvement & le repos, est donc la règle qu'on doit suivre pour maintenir la santé; mais cette règle doit être différente, suivant que le corps est sain ou malade. Et comme l'exercice d'un homme bien portant, ne peut jamais être celui d'un homme dont le corps est affecté; c'est ce dernier seul qu'il convient ici de considérer.

Tous ceux qui seront à l'usage des Eaux thermales, doivent faire de l'exercice, aucun ne peut en être excepté (*o*); mais il faut le proportionner au genre de maladie, & à la manière d'user des Eaux (*p*): Ceux qui ne les prennent qu'en boisson, sont surtout plus obligés de se promener, en bûvant, que les autres.

(*o*) Il y a une sorte d'exercice, même pour ceux qui sont perclus de leurs membres; les voitures, les chaises-à-porteurs, les litières pour le déhors, & les chaises ou fauteuils à roulettes pour le dedans, sont autant de moyens propres à suppléer au défaut de leurs jambes; ce doux mouvement est pour eux & pour les vieillards, ce que sont l'équitation, la promenade, & la paume pour les adultes & les gens qui se portent bien.

(*p*) Il seroit à souhaiter que l'on construisît à Aix un édifice spacieux pour les Bains, dans lequel il y eût en même tems un endroit commode, où ceux qui ne font que boire les Eaux pussent se promener & les rendre, à l'abri de la pluie, du froid & du soleil, lorsque le mauvais tems ne permettroit pas de les prendre en plein air; la société & la gaieté qu'on y trouveroit, ne contribueroient pas peu à augmenter les bons effets qu'elles doivent produire.

La légère ſécouſſe qu'éprouve l'eſtomac par le mouvement, augmente ſon action ſur les Eaux, & en facilite le paſſage dans le ſang : il faut que cet exercice ſoit doux, ſans qu'il en naiſſe de la ſueur ; il doit être fait en raſe-campagne, à moins que le tems ne ſoit pas propre à ſortir : on ſe contentera, pour lors, de la promenade dans ſa chambre (*q*). L'équitation, pendant une heure ou deux le matin, eſt encore un genre d'exercice très-favorable, ſoit après avoir bû les Eaux, ſoit avant (*r*) ; de même qu'après ou avant le bain & la douche : c'eſt même celui auquel je donnerois la préférence. Ceux qui ſeront à Aix pour des maux de poitrine, des affections vaporeuſes & hypocondriaques, & pour des obſtructions, doivent ſurtout choiſir l'exercice du cheval, parcequ'il balotte davantage tous les viſcères, & qu'en accélérant la circulation des humeurs, il déſobſtrue les petits vaiſſeaux, procure un frottement aſſez ſenſible des habillemens ſur toute la peau, & augmente par-là beaucoup la tranſpiration.

Les perſonnes foibles, ou dont les incommodités empécheroient de prendre l'exercice du cheval ou de la promenade à pied, peuvent ſe procurer le mouvement des voitures roulantes ou des chaiſes à porteurs : Cette eſpèce d'exercice convient mieux au ſexe, que celui du cheval, & a beaucoup plus de rapport à la délicateſſe de ſa conſtitution. D'ailleurs, comme

---

(*q*) Genera autem geſtationis plura ſunt : quæ adhibenda ſunt & pro viribus cujuſque, & pro operibus. *Corn. Celſ. Lib.* II. *cap.* 15.

(*r*) Lenis deambulatio ventriculo ; equitatio capiti & meſenterio conducit. *Bagliv. ſpecim. de fibr. motr.*

le lac du Bourget est assez proche d'Aix, il me paroît que ceux qui sont aux Eaux, pourroient encore y jouir d'une autre sorte d'exercice; je veux dire, du mouvement doux de navigation sur des batteaux conduits à force de rames; car, quoique le corps n'y paroisse employer aucune de ses puissances; cependant il n'est pas douteux qu'il participe à ce léger balancement qu'occasionne l'agitation de l'eau, qui, joint à l'amusement de la pêche & au bon air qu'on y respire, ne laissera pas de faciliter le libre cours des liqueurs, qui croupissent dans les petits vaisseaux (s). Enfin, si on ne pouvoit faire aucun de ces exercices, on y suppléeroit par des frictions: ce genre d'exercice, si usité des anciens, surtout lorsqu'ils sortoient du bain, est presque totalement abandonné parmi nous; il est cependant d'expérience, que c'est un moyen très-salutaire, & qui procure, à peu de chose près, le même effet que les exercices les plus ordinaires (t). On se sert à cet usage d'un linge doux, ou d'une flanelle, ou mieux encore d'une brosse à l'Angloise, dont le poil ne soit pas bien fort. Ces frictions se font le matin & le soir, pendant environ un quart-d'heure, à la sortie du lit, après le bain ou la douche, sur toute l'habitude du corps, principalement sur le bas-ventre, le long de l'épine du dos, & sur la partie la plus charnuë des fesses. Les frictions, en irritant la surface de la peau, déja disposée par les bains & la

---

(s) Gestationum levissima est navi, vel in portu, vel in flumine, vel lectica, aut scamno. *Cels. lib. II. cap. XV.*

(t) Frictione, si vehemens sit, durari corpus: si lenis, molliri: si multa, minui: si modica, impleri. *Hypp. VI. epid.*

douche, déboucheront l'orifice des vaisseaux cutanés, augmenteront la circulation du sang, qui sera elle-même suivie d'une excrétion plus abondante de l'insensible transpiration, & faciliteront la pénétration des molécules médicamenteuses des Eaux thermales.

Le Repos n'est pas moins utile que le mouvement, à ceux qui prennent les Eaux. Il est des règles à observer dans cet état d'inaction, comme dans le contraire: Cependant, pour ne rien avancer de contradictoire, il faut entendre par *Repos*, ce tems nécessaire, au corps surtout malade, pour la réparation des pertes qu'il a pû faire: Et quoique l'exercice ait été ci-devant expressément recommandé, on sent parfaitement, que sans un repos pris dans les tems convenables, l'intégrité & le libre jeu des fonctions ne pouvant subsister, l'épuisement suivroit bientôt. C'est pourquoi, après avoir bû & rendu les Eaux, on doit se retirer, changer de linge, si la promenade avoit excité un peu de moiteur; & tâcher ensuite de se récréer par la lecture, ou par la société des personnes enjouées (*u*). Quand on use des bains ou de la douche, l'un & l'autre exigent le repos, au moins pendant trois quarts-d'heure au lit, afin de réparer les forces qui peuvent avoir diminué, & pour se mettre en état de continuer les Eaux. Enfin, la nature, mieux que tout ce que l'art pourroit ici prescrire, indique que le repos & la tranquilité doivent nécessairement suivre le mouvement & l'agitation

---

(*u*) Semper autem post cibum conquiescere, ac neque intendere animum, neque ambulatione quamvis leni dimoveri. *Cornel. Cels. lib. I. cap. VI.*

que cause leur usage, pour recouvrer cet équilibre qui constitue la santé.

De la Veille et du Sommeil.

La Veille & le Sommeil sont deux objets qui appartiennent de si près au mouvement & au repos, qu'il n'est guères possible de parler de l'un, sans toucher à l'autre. Cependant, quoiqu'on puisse, en quelque manière, comparer le sommeil au repos, & la veille à l'exercice; il sera toujours vrai de dire que le sommeil est cet état dans lequel les forces du corps se réparent avec beaucoup plus d'efficacité & de promptitude, que par le repos; & que la veille est celui où toutes les fonctions, tant de l'ame que du corps, étant dans un exercice continuel, il se fait une très-grande dissipation des sucs nourriciers & de l'esprit vital. Au reste, cette cause constante, qui fait alternativement succéder, chez tous les animaux, le sommeil à la veille, & la veille au sommeil, en prouve assez la douce nécessité, pourvû toutefois que l'un & l'autre soient resserrés dans de justes limites.

La durée du sommeil ne doit pas être égale pour tous les individus; il faut qu'elle soit déterminée suivant la constitution, l'âge, le sexe, la saison, le climat & l'habitude (*x*): Et comme les personnes foibles & malades ont besoin de dormir plus longtems que celles qui sont fortes & qui ne souffrent

(*x*) Sed quoniam coctio non pari tempore in omnibus absolvitur; somnus idcircò longior vel brevior esse debet. *Barthol. Perdulcis Hygien. lib. IV. cap. V.*

aucune incommodité ; il convient donc d'en règler le tems & la longueur pour ceux qui uſeront des Eaux. En général, leur ſommeil ne doit pas excéder huit à neuf heures ; les femmes peuvent cependant s'y livrer un peu plus longtems que les hommes : ceux qui prennent ſeulement les bains ou les Eaux en boiſſon, doivent ſe contenter d'un ſommeil modéré ; c'eſt-à-dire, environ de ſept heures : ce tems doit ſurtout être celui des malades qui ſont aux Eaux pour des paralyſies, des tremblemens de nerfs & des ſuites de coups d'appoplexie ; de même que celui des femmes vaporeuſes & des hommes hypocondres, parceque les uns & les autres ont le plus ſouvent une foibleſſe & un relâchement dans les ſolides ; & dans les liquides un épaiſſiſſement & une difficulté de circuler, qu'augmenteroit encore un ſommeil plus long. La modération dans le ſommeil augmente l'inſenſible tranſpiration, procure une meilleure digeſtion, parceque les alimens ne croupiſſent pas dans l'eſtomac, & les actions vitales en acquiérent plus de force & plus d'énergie.

Le ſommeil doit être plus long quand on prend la douche, parceque ce remède cauſe quelquefois un peu de laſſitude, & diminue les forces au bout d'un certain tems. Il ſera donc très-utile de dormir environ une heure à la ſortie du bain, & ſurtout après la douche. Le ſommeil, après le dîner, étant mal-ſain dans nos climats tempérés (*y*), je crois qu'il ſeroit

(*y*) Nam ſomnus diurnus coctionem minimè complet, ob idque ructum acidum, & flatum gignit, appetentiam proſternit, cerebrum opplet vaporibus, ideòque capitis dolorem, fluxiones, ſegnitiem, & febres invehit. *Ex Paulo cap. 97. lib. 1.*

nuiſible pendant l'uſage des Eaux, à moins que la chaleur du jour ne fût exceſſive, ou qu'on en eût contracté une habitude qui eût dégénéré en néceſſité : Ce tems, au contraire, uniquement deſtiné à la digestion, doit être employé à jouir de la récréation que procure la ſociété; il prendroit d'ailleurs ſur celui de la nuit ſuivante ; ou bien la ſomme totale du ſommeil dévenant trop longue, rendroit le corps lourd, le relâcheroit, & procureroit peut-être une tranſpiration trop abondante, qui eſt ſurtout nuiſible à ceux dont la poitrine eſt affectée (z).

De quelque façon dont on uſe des Eaux, il eſt eſſentiel de peu ſouper, & de mettre au moins une heure & demi d'intervalle juſqu'au coucher, ſi l'on veut que le ſommeil ſoit doux & tranquile, qu'il ne ſoit point accompagné de ces ſueurs incommodes, ni ſuivi le matin de péſanteur de tête, ou de mauvais goût à la bouche. De-là vient que ſouvent les bains, la douche, ou la boiſſon des Eaux, bien loin d'être ſalutaires, déviennent, au contraire, très-dangéreux par la ſuite, en entraînant, dans la maſſe du ſang, un chyle mal élaboré, qui, ſe mêlant aux Eaux, empéche ou retarde le bon effet qu'elles devroient procurer.

Puisque c'eſt dans l'état de veille que nous dépenſons le ſuc nerveux néceſſaire à toutes nos opérations, il eſt donc de la dernière importance de ne pas outre-paſſer les bornes de cet état. Car parmi

(z) Nam æquè noxius eſt ſomnus abondans, ac labor excedens. *Bagliv. diſſert. 4. de ſanguine & reſpiratione.*

la multitude de causes qui concourent à la destruction du corps humain, je n'en connois point de plus forte, & qui le mine aussi sourdement, que la veille trop prolongée; elle cause aux fibres une tension démésurée, allume dans le sang un feu qui le met dans une situation voisine de la fiévre, & conduit enfin au point de perdre totalement le sommeil (a). Je sais que la veille a le plus souvent des attraits qui font oublier ses pernicieux effets, & qu'on s'y livre avec d'autant plus de plaisir, qu'on est hors d'état de réfléchir à l'altération qui la suit: Mais on n'est pas longtems à s'appercevoir que l'on paye bien chérement ce plaisir, par la perte des forces, & par les autres infirmités qui en sont inséparables. Ceux qui seront aux Eaux, doivent donc particuliérement faire attention à ce point; la veille leur déviendroit plus pernicieuse qu'aux autres, & que dans tout autre tems: ils ne s'écarteront jamais du but de la nature, & du régime qui leur est propre, s'ils ne veillent pendant le jour, & ne dorment pendant la nuit, que le tems fixé ci-dessus, pour les différentes circonstances où chacun d'eux se trouvera pendant leur usage.

DES EXCREMENS ET DES RECREMENS.

S'IL ne se faisoit aucune séparation de tous les alimens que prend le corps pour sa nourriture, il succomberoit bientôt à cette surchage: Pour maintenir

(a) Quod si vigilia modum excedat, calamitosa est, quia corporis habitum digerit & desiccat, ideòque siccis naturis adversatur. *Hypp. de rat. vict.*

son

ſon harmonie, il a fallu néceſſairement que les parties les plus groſſières, qui ſe ſeroient corrompuës par le long ſéjour, & qui ne pourroient ſervir à ſon accroiſſement, après avoir abandonné les nourricières, fuſſent chaſſées du corps par des voies particulières (*b*): De-là vient la diſtinction que mettent les Médécins entre les excrémens & les récrémens: Ceux-ci, dont il ne doit pas être queſtion, ſont des humeurs qui, ſéparées dans certains organes, rentrent dans la maſſe du ſang, après avoir ſervi à différens uſages extérieurs: telles ſont la bile & les autres liqueurs digeſtives. Ceux-là, au contraire, que leur nom ſeul fait aſſez connoître, & dont il eſt néceſſaire de parler rélativement à l'uſage des Eaux, ſont les matières fécales, les urines, l'humeur de la tranſpiration, la ſalive, le mucus des narines & la cire des oreilles; le ſang menſtruel chez les femmes, & la liqueur ſéminale dans l'un & l'autre ſexe (*c*).

Il eſt eſſentiel de rendre les excrémens & les urines avant d'entrer au bain ou à la douche; & comme l'un & l'autre ôtent ſouvent la liberté du ventre, il

(*b*) Ideòque ut ſalubriter corpus habeat, excrementa excludenda ſunt. *Galen. lib.* 1. *de ſanit. tuend.*

(*c*) La ſalive & ces deux dernières humeurs me paroiſſent être mixtes; c'eſt-à-dire, récrémentitielles & excrémentitielles tout-à-la-fois: la ſalive rentre dans le corps, en ſe mêlant aux alimens pour commencer leur diviſion & l'atténuation de leurs parties dans l'eſtomac; & elle eſt rejettée dans tout autre tems, ou lorſqu'elle eſt trop abondante. La liqueur ſéminale eſt réſorbée dans la maſſe du ſang, lorſqu'elle ne ſort pas du corps pour la génération du fœtus; & le ſang menſtruel en doit ſortir, quand il ne ſert pas à ſa nourriture dans le tems de la groſſeſſe.

convient de se la procurer au moins tous les deux jours, en recourant à l'art, si la nature n'y supplée pas. Un lavement avec les Eaux mêmes, qui se trouvent précisément au dégré de chaleur convenable, est suffisant pour remplir cette indication; on le prend la veille, ou immédiatement avant la douche ou le bain. Les personnes hypocondriaques, surtout, ne doivent pas, en usant des Eaux, laisser croupir les excrémens dans les intestins, s'ils veulent se délivrer des vents, de chaleurs d'entrailles, de ces vapeurs qui leur montent rapidement à la tête, & de plusieurs autres maux semblables. Si les Eaux prises en boisson ou en bains, rendoient, au contraire, les selles molles ou trop fréquentes, en causant trop de relâchement; on peut, après avoir bû les Eaux, ou en sortant du bain, ou mieux encore la veille, prendre du quinquina en poudre, à la dose de vingt, trente ou quarante grains, suivant le cas, auquel on ajoutera quelque peu de limaille de fer porphirisée, ou de la magnésie blanche; pourvû néanmoins que l'un & l'autre ne soient point contre-indiqués d'ailleurs.

QUE les urines soient plus abondantes & plus fréquemment renduës en bûvant les Eaux ou en se baignant; rien n'est plus naturel. Qui est-ce qui ne sait pas que le propre du bain & de la boisson des Eaux, est d'augmenter la sécrétion de cette humeur? Il n'en est pas de même pour les personnes qui prennent la douche; comme elle favorise beaucoup la transpiration, les urines chez eux doivent nécessairement être en plus petite quantité, vû le grand rapport qu'on observe constamment entre leur excrétion & celle de la matière perspirable. Ainsi, pour juger avec précision, par les urines, du passage des Eaux prises en boisson, il faut savoir si cette excrétion dans tel individu, étoit naturellement abondante, ou non, avant leur usage, parcequ'il seroit peut-être alors plus avantageux, ou de les rendre plus diurétiques, en les mêlant avec du petit-lait, y ajoutant quelques sels, comme le nitre, le tartre vitriolé, le cristal minéral; ou d'en diminuer la boisson, si avec la disposition naturelle de faire beaucoup d'urines, les Eaux les augmentoient encore au point de dessécher le sang, d'exciter une soif ardente, & d'occasionner la maigreur, en entraînant avec elles une partie des sucs nourriciers. La qualité & la quantité des urines dans l'état de santé, devront donc, en prenant les Eaux, servir de règle pour leur excrétion dans l'état morbifique.

Il n'est pas nécessaire d'avertir les personnes du sexe, de suspendre tout usage des Eaux pendant l'écoulement des règles; c'est une circonstance qu'on doit toujours respecter, & qui l'a toujours & de tout tems été par les différentes sectes de Médécins (*d*). Les Eaux prises simplement en boisson, ou coupées avec le lait, sont la seule manière qui puisse être permise alors, moïennant toutefois qu'elles n'augmentassent pas le flux périodique, en quantité ou en durée, au point d'affoiblir. On ne doit pas penser de même pour la douche & les bains chauds ou tiédes; ces remèdes étant de beaucoup plus actifs que la simple boisson des Eaux,

---

(*d*) Uterus sexcentarum ærumnarum causa, *Democrit. ad Hyppocrat. de naturâ humanâ.*

pourroient, soit en détournant ce sang de sa voie naturelle, le pousser vers le lieu de moindre résistance, & causer une inflâmation dans des parties essentielles à la vie; soit en augmentant la vélocité & l'abondance du sang dans la matrice, y attirer la phlogose, ou faire dégénérer en perte sanguine l'écoulement menstruel. Ce précepte doit non-seulement s'appliquer au tems que coulent les règles, mais encore à celui où elles sont imminentes, & plus particulièrement pour les femmes & filles pléthoriques, parcequ'alors le sang doit regorger de tout côté. Ce qu'on prescrit rélativement aux règles chez les femmes, doit s'entendre pour le flux périodique ou non périodique des hémorroïdes chez les hommes: Cette évacuation dans ces derniers, est, comme dans les premières, la boussole de leur santé; & l'expérience prouve chaque jour, combien il résulte de maux de ces excrétions interceptées, retardées ou diminuées. Au reste, les uns & les autres pourront reprendre l'usage des Eaux, dès que ces écoulemens auront totalement cessé.

La sécrétion de l'insensible transpiration étant constamment une des plus importantes, elle le dévient encore davantage pendant l'usage des Eaux, puisqu'une de leurs principales qualités est de pousser les humeurs à la peau: Ainsi, lorsque les Eaux, prises en boisson, procureront une douce transpiration, il faut se garantir de l'air frais, & changer de linge, dès qu'on s'appercevra que la moiteur commence à cesser. En général, l'excrétion de cette humeur dévenant nécessairement moindre pour ceux qui boivent les Eaux (e),

(e) Quantitas perspirationis insensibilis aliquam varietatem pa-

on peut facilement, au cas que cette diminution apportât quelque dérangement aux personnes chez qui surtout elle seroit naturellement abondante, on peut, dis-je, y suppléer par un doux exercice ou par des frictions légères, faites avec une flanelle, en sortant du lit & en y entrant ; ou plûtôt par quelques bains tièdes, pris à des intervalles égaux. Cette méthode mise en usage pendant qu'on boit les Eaux, & même quelque tems après avoir fini de les boire, réparera la quantité de la transpiration, supprimée par leur boisson, & remettra ainsi, peu à peu, le corps dans son premier état d'équilibre.

C'EST surtout pendant qu'on prend les bains ou la douche, qu'il faut avoir égard à la transpiration : les bains la favorisent par la qualité sulfureuse des Eaux mêmes; ils relâchent le tissu de la peau, dilatent les pôres, & accélérent le mouvement du sang. Il seroit donc dangéreux de prendre une nourriture trop rafraîchissante, de s'exposer, au sortir du bain, à un air frais, & à toute autre cause qui pourroit la diminuer ou la supprimer, surtout si les maux pour lesquels on prend les bains, demandent une excrétion de cette humeur, plus grande que dans l'état de santé. Il ne seroit pas moins nuisible de l'augmenter par des bains trop fréquens, ou de trop longue durée, en usant de boissons ou d'alimens trop échauffans, en respirant un air trop chaud, & faisant de violens exercices. L'épuisement & la foiblesse seroient

titur, pro varietate naturæ, regionis, temporis, ætatis, morborum, ciborum & aliarum rerum non-naturalium. *Sanctorius aphorism. 6. sect. 1.*

alors les ſuites de cette tranſpiration ſurabondante; & c'eſt à quoi doivent particulièrement faire attention les perſonnes d'une conſtitution délicate, & qui tranſpirent aiſément, celles qui ont la peau blanche & lâche, & ſurtout les femmes & les vieillards.

Comme la douche eſt un ſudorifique plus puiſſant que les bains, ſon uſage doit encore exiger plus de ſoins, rélativement à ſon effet. L'expérience d'ailleurs fait voir que la douche, priſe ſur toute l'habitude du corps, excite une ſueur beaucoup plus abondante, que celle qui ſe prend ſur une ſeule de ſes parties: L'orifice des petits vaiſſeaux qui donnent iſſuë à la matière de la ſueur, étant alors plus dilaté, que lorſqu'ils ne laiſſent échapper que celle de l'inſenſible tranſpiration; il eſt de la dernière importance de ſe garantir tout le corps du froid & de l'humidité: La plus petite diminution dans cette évacuation aggraveroit, à coup ſûr, le mal pour lequel on prend la douche, ou en retarderoit la guériſon. Pour entretenir cette diſpoſition à la moiteur, qu'on tâche de procurer, on peut porter, immédiatement ſur la peau, des camiſoles d'une légère flanelle d'Angleterre, ou bien tenir plus chaudement que les autres la partie ſoumiſe à la douche. D'après les Obſervations de Sanctorius, faites pendant trente ans ſur une balance, de huit livres d'alimens pris dans un jour; il s'en évapore environ cinq livres par l'inſenſible tranſpiration: de combien à plus forte raiſon cette quantité n'augmentera-t-elle pas, lorſqu'elle ſera jointe à la ſueur que provoque la douche (*f*)? Afin donc de maintenir

(*f*) Inviſibilis perſpiratio fit viſibilis, vel quando nutrimentum eſt nimium, vel ob motum violentum. *Sanct. aphor.* 22. *ſect.* 1.

la machine dans un certain équilibre, & que le ſang puiſſe fournir une matière ſuffiſante à cette évacuation, il faut en même tems que la nourriture ſoit de bon choix & ſucculente; ſans quoi la déperdition excédant la réparation, le corps tomberoit dans le dépériſſement, & déviendroit abſolument incapable de ſoutenir le remède & de ſurmonter la maladie. D'ailleurs, ſi on obſerve que longtems après la douche, le tiſſu de la peau lâche encore, ne ſe reſſerre pas tout-à-coup, & que la ſécrétion de la tranſpiration ſoit par conſéquent, pendant quelque tems, plus abondante, juſqu'à ce que le ton des ſolides & le cours des liquides aient inſenſiblement repris leur état naturel; on verra qu'il importe beaucoup d'avoir égard à cette excrétion, qui eſt la bouſſole de la ſanté, non-ſeulement pendant les Eaux, mais encore après leur uſage. Au reſte, pluſieurs petits ſoins, qu'il ſeroit ſuperflus de détailler ici, peuvent être employés pour ce ſujet avec beaucoup de ſuccès; de ce nombre ſont la propreté & le fréquent changement de linge, qui contribuent infiniment au libre cours de cette évacuation.

QUANT aux humeurs excrémentitielles qui coulent de la bouche, des narines & des oreilles, il n'y a aucune règle particulière à obſerver ni à preſcrire, rélativement à l'uſage des Eaux; on doit ſeulement alors, comme dans toute autre circonſtance, éviter avec ſoin d'intercepter leur écoulement, de peur d'accumuler maux ſur maux.

Des Affections de l'Ame.

DEPUIS longtems l'expérience a prouvé, non ſeulement aux Médécins, mais encore au commun des hommes, que les affections de l'ame, *animi pathemata*, ont un pouvoir décidé ſur le phyſique de notre corps (*g*). En vain l'on obſerveroit le meilleur régime, en vain l'accompagneroit-on de l'exercice le plus ſagement règlé; toute ſon harmonie eſt auſſitôt dérangée, lorſqu'on ſe livre à quelque violente affection, ou qu'on outre-paſſe les bornes dans leſquelles une heureuſe raiſon doit toujours les maintenir (*h*). Si donc, par les ſécouſſes redoublées que les paſſions portent à l'ame, elles ont des influences ſi pernicieuſes ſur le corps en ſanté; quels déſordres ne produiront-elles pas ſur des corps malades & délabrés, tels que ceux qui viennent pour uſer des Eaux? Les paſſions ne cauſent pas toutes le même effet dans tous les individus; il eſt toujours rélatif à la conſtitution particulière: & l'on ſait qu'un tel chagrin ou une telle joie, fera plus ou moins d'impreſſion ſur tel homme, que ſur tel autre. Cependant, en général, les affections ſourdes, comme la triſteſſe, la haine, l'envie, la jalouſie, reſſerrent les fibres, ralentiſſent la circulation, troublent particulièrement la digeſtion (*i*), & occaſionnent des ſpaſmes & des obſtructions dans les viſcères (*k*): Ainſi, les hypo-

(*g*) Quo animus corpore præſtantior eſt, eo majorem paſſionum illius habendam eſſe curam docet. *Galen. cap.* 1. *lib. de parvæ pilæ exercitio.*

(*h*) Animi autem affectus non ſunt omninò ſupprimendi; ſed neque nimis excitandi: torpor enim oritur, vel circulationis perverſio. *Boërhaave, de ſanitate tuendâ.* §. 1048.

(*i*) Qui laborant animi pathemate, corripi potiſſimum ſolent morbis ventriculi. *Bagliv. prax. medic. lib.* 1. *cap.* 14.

(*k*) Talium hominum morbi ſanari tamen ſolent facilè, non quidem per nimiam remediorum copiam, ſed aut per grata ami-

condriaques, les vaporeux, & ceux dont le système nerveux est extrèmement sensible & aisé à émouvoir, doivent, autant qu'ils pourront, pendant l'usage des Eaux, bannir toute idée triste & affligeante sur leur état, ou sur tel autre sujet; faire de l'exercice, monter à cheval, s'amuser par la lecture & les jeux de société, & surtout rechercher & fréquenter les personnes aimables & enjouées; c'est le plus sûr moyen pour se dissiper & détourner l'ame de ces sombres objets, que nourrit toujours de plus en plus la solitude (*l*).

Les affections vives & violentes agitent avec force toute l'économie animale, par les impressions subites qu'elles font sur le cerveau, dont elles changent même quelquefois l'organisation (*m*); elles causeroient de funestes effets aux tempéramens bouillans & prompts à s'enflâmer, qui prennent les Eaux en bains & en douche; parcequ'elles détermineroient, de plus en plus, le cours du sang à la tête. Et comme il est d'ailleurs prouvé que chaque fois que l'ame est affectée de quelque passion véhémente, le corps

---

eorum colloquia, aut per honesta ruris oblectamenta, & equitationes frequentes, aut per vivendi normam à sagaci Medico institutam. *Bagliv. prax. med. lib.* I. *cap.* 14.

(*l*) Tristitia paulatim calorem intrò cogit, ob idque corpus refrigerat & exsiccat, faciem reddit decolorem, pulsumque imminuit propter cordis constrictionem, unde spirituum generatio prohibetur. *Bartholom. Perdulcis Hygien. lib.* 4. *sect. ult.*

(*m*) On dit que le Chancelier Bacon étoit sujet à se trouver mal, lorsqu'il voyoit une éclipse de lune; & *Pechlin* rapporte qu'une Dame, qui regardoit avec le télescope la comete de 1681, fut saisie d'une telle frayeur, qu'elle en mourut en peu de jours. *Pechlini, observat. medic. lib.* 3. *observ.* 23.

transſpire beaucoup plus, que dans le plus violent exercice ; cet excès de tranſpiration affoibliroit encore, en augmentant la juſte méſure de celle qu'on cherche à ſe procurer par le moyen des Eaux. Le ſeul cas où il fût permis de ſe livrer à une affection violente, ſeroit celui où l'on prend la douche à la ſuite d'une apoplexie pituiteuſe, ou pour une paralyſie qui en ſeroit l'effet, & qui reconnoîtroit pour cauſe un embarras dans la circulation, & une flaccidité dans les ſolides : Cette violente affection de l'ame lui ſerviroit alors d'aiguillon, & iroit au même but que la douche, en fouettant & briſant les humeurs, & augmentant les contractions du cœur. On devroit même agacer ſouvent & irriter ces ſortes de malades, au point de les mettre en colère, ou leur cauſer telle autre paſſion impétueuſe, qui produisît le même effet, & les fît ſortir de cet état d'engourdiſſement, qui accompagne preſque toujours ces maladies.

ENFIN, les Eaux, au lieu de dévenir un remède ſalutaire, ne ſeroient, au contraire, qu'un poiſon très-dangéreux pour ceux qui, pendant leur uſage, ſe livreroient aux plaiſirs de l'amour, ſurtout s'ils ſont d'une conſtitution frêle & délicate, ou atteints de maux nerveux. Comme il arrive quelquefois que la douche, & ſurtout les bains, joints à une nourriture échauffante, pourroient faire naître des déſirs amoureux dans les tempéramens chauds & faciles à émouvoir, en déterminant une plus grande abondance de ſang vers les organes deſtinés à la génération, & augmenter leurs oſcillations : Dans ce cas, on retranchera d'abord tous les alimens chauds & trop ſucculens, & on choiſira un régime plus doux & plus raffraîchiſſant, en l'appropriant néanmoins à la maladie pour laquelle on prend les Eaux ; on mettra en outre un intervalle entre chaque bain ou chaque douche ; & au lieu de les prendre de ſuite, on ne les prendra plus que de deux jours l'un : on fera beaucoup d'exercice, même juſqu'à la laſſitude, afin d'augmenter la tranſpiration, de déterminer, du côté de la peau, les humeurs qui auroient de la tendance à ſe porter aux organes ſexuels, & d'ôter, en quelque façon, une partie des forces ſurabondantes. Tous ces moyens peuvent ſuffire pour calmer l'efferveſcence du ſang, augmentée par l'effet des Eaux, & par-là détourner ſon orgaſme des parties génitales. Les perſonnes qui ſeront ménacées du côté de la poitrine, & qui prendront les Eaux pour la rétablir, doivent néceſſairement, pendant leur uſage, s'abſtenir du coït ; ſon action, en ébranlant tout le ſyſtème des nerfs, porte ſingulièrement ſur cette partie : & cet acte, qui d'ailleurs ſemble dédaigner des corps languiſſans, n'eſt point fait pour s'allier avec le régime qu'il faut ſuivre, quand on veut retirer des Eaux tout le fruit qu'on doit en attendre (*n*).

Les préceptes qu'on vient de tracer pour les perſonnes qui ſont dans le cas d'uſer des Eaux Minérales d'Aix, ne doivent cependant être conſidérés que

---

(*n*) Nam venus immoderata, vel intempeſtiva totum corpus rarius, frigidius, ſiccius & imbecillius afficit, ob plurimam caloris & ſpiritûs excretionem ; hinc ſtomachus debilitatur, vultus palleſcit, viſus obſcuratur, nervi relaxantur, æſtus titubant, vitalis facultas langueſcit, intellectus hebeſcit, memoria aboletur, ſenectus & calvitium accelerantur. *Aëtius.*

comme des règles générales, qui peuvent être étenduës ou resserrées suivant le besoin. Quelques-uns de ces préceptes n'ont été qu'effleurés; & pour quelques autres, on est entré dans un détail mieux circonstancié. Il n'auroit pas été possible de tout approfondir de la même façon, à moins de donner un Traité complet d'Hygiéne : Mais la matière est trop vaste; & ce n'étoit pas d'ailleurs ici le lieu de prescrire ce qu'on doit faire pour conserver la santé actuelle, ni ce qu'il faut employer pour la réparer lorsqu'elle est perduë : Je devois seulement indiquer un milieu entre ces deux extrémes, laissant aux maîtres de l'art à suggérer ce qui est nécessaire dans les circonstances qu'on n'a pû prévoir.

TROISIEME PARTIE.

CE qui conſtitue le vrai & éclairé Praticien, eſt la juſte application des remèdes à lui connus, aux maladies & à leurs cauſes, après les avoir bien ſçu diſtinguer les unes des autres, & s'être aſſuré, autant qu'il lui eſt poſſible, de leur entier diagnoſtic. Tout autre moyen employé pour guérir, ne ſauroit jamais conduire qu'à la voie du tâtonnement, ou tenir de l'empiriſme le plus décidé. Il ſe rencontre, il eſt vrai, dans l'exercice de cette Science, des cas obſcurs & compliqués, dont les cauſes ſont ſi cachées, que le plus clair-voyant ne peut même les ſaiſir : on ne doit s'en prendre alors ni à l'artiſte, ni à l'art (o), mais plûtôt à la foibleſſe de l'eſprit humain, qui ne ſauroit tout embraſſer, ni aller au-delà des barrières que lui a aſſigné la nature. Le parti le plus aſſuré dans ces entraves, eſt d'écouter cette nature, de ſe tenir en garde contre ſes écarts, & de procéder pas à pas, ayant toujours la prudence pour guide. D'après cette courte digreſſion, qui m'a paru néceſſaire, parceque c'eſt ici le point eſſentiel où doivent aboutir mon plan & mes vûës, je vais d'abord expoſer les maladies où ces Eaux, priſes extérieurement, ont coutume de

(o) Si res medico non ſuccedit pro animi ſententiâ, in morbi vehementiam, non in artem ipſam culpa rejicienda eſt. *Hyppocr. lib. de arte.*

produire de bons effets ; enſuite celles qui reçoivent du ſoulagement, lorſqu'on en uſe intérieurement : Enfin, j'indiquerai les différentes circonſtances qui en défendent l'uſage, ou qui exigent qu'on ne les employe qu'avec précaution : Le tout ſera étayé d'Obſervations rélatives aux différens cas ; elles ſont en Médécine, ce que l'expérience eſt en Phyſique.

ARTICLE PREMIER.

Des Maladies où les Eaux ſont ſalutaires, priſes extérieurement.

LES Eaux d'Aix ſont plus ſouvent adminiſtrées à l'extérieur qu'à l'intérieur ; elles ont même plus d'efficacité extérieurement, & ſont, pour l'ordinaire, employées dans un plus grand nombre de maladies. Elles ſont particulièrement célèbres pour la guériſon du rhumatiſme, même invétéré, ſoit qu'il affecte pluſieurs parties à la fois, ſoit qu'il n'en affecte qu'une ſeule, ſurtout quand il dépend d'un épaiſſiſſement & d'une acrimonie de l'humeur qui découle des glandes de la membrane commune des muſcles, ou d'une roideur dans les ſolides, qui, en étranglant leurs petites fibrilles, les irrite, & empéche le libre cours des humeurs lymphatiques, dont le mouvement, déja naturellement lent, acquiert encore, par le concours de toutes ces cauſes, plus de diſpoſition à croupir dans ſes couloirs. Ces Eaux, à raiſon du foie de ſouffre qu'elles contiennent, ont une vertu inciſive & fondante, par laquelle elles rendent fluides ces humeurs épaiſſies, & les remettent en voie de circuler, en pénétrant jusques dans le tissu le plus serré des membranes aponévrotiques, qui est le siége le plus ordinaire de cette maladie. On peut d'abord commencer à porter du rélâchement à la peau par quelques bains domestiques, ou pris à la Source, pour passer ensuite à la douche sur la partie malade. La force des douches, leur nombre, de même que celui des bains, ne peuvent être fixés que sur l'ancienneté, l'étenduë & l'intensité du mal.

OBSERVATION PREMIERE.

D'un Rhumatisme à la tête.

UN Bourgeois de cette Ville, âgé de 50 à 55 ans, d'un tempérament mélancolico-bilieux, étoit tourmenté, depuis longtems, d'un rhumatisme qui occupoit toute la partie latérale de la tête, jusqu'au bas de l'oreille : les douleurs n'étoient pas toujours aiguës; mais elles étoient si continuelles, qu'elles lui avoient ôté le sommeil & interdit toute espèce d'attention; il ne pouvoit pas même se récréer par la lecture, ou par une partie de piquet, sans avoir des vertiges ou des élancemens qui l'obligeoient à quitter prise. Après avoir inutilement essayé les boissons délayantes, les Eaux minérales ferrugineuses, les purgatifs réitérés, & les vessicatoires sur la partie affectée; je fus consulté, & contre l'avis de son Médecin, je lui conseillai, dans le mois de Juin 1770, d'aller aux Eaux : Cependant, avant de les prendre, je lui fis raser la tête, appliquer des ventouses séches sur la partie, & immédiatement des sang-sues sur la peau qu'avoient élevé les ventouses. Cette opération ne diminua, à la vérité, que très-peu les douleurs;

(quoique plusieurs fois en pareil cas j'aie, par ce moyen, emporté le mal tout d'un coup.) Mais trois à quatre bains, suivis de douze douches sur le côté affecté, lui enleverent son rhumatisme, de façon qu'il n'a plus ressenti aucune douleur. Il s'est si bien trouvé de ce traitement, que dans le mois de Septembre de la même année, il l'a répété avec le même succès, & jouit dès-lors de la meilleure santé.

OBSERVATION SECONDE.

D'un Rhumatisme universel.

MARIE *Percevau*, veuve du Tailleur *Jance*, d'un tempérament vif, bilieux, & d'une constitution d'ailleurs délicate, habitoit une boutique très-humide, dans laquelle, à la suite d'une couche, & par un dépôt laiteux sur toutes les articulations, elle contracta un rhumatisme universel sans fiévre; mais si douloureux & si opiniâtre, qu'il la priva totalement de l'usage de ses membres. Obligée d'être toujours assise, elle ne pouvoit se mouvoir, & n'étoit pas sortie depuis deux ans d'un 3e. étage, où elle demeuroit, lorsque je la vis pour la première fois. Toutes ses articulations paroissoient comme enkilosées; & la langue étoit pour lors la seule partie qui fût libre. Après l'avoir interrogé sur la cause & le progrès de son mal, & qu'elle m'eut avouée que malgré cette triste situation elle avoit cependant encore accouché deux fois très-heureusement, je l'envoyai aux Bains d'Aix, persuadé qu'ils lui feroient beaucoup de bien: elle en prit d'abord dix de suite; & dès-lors elle commença déja à faire quelques mouvemens insensibles; mais ayant

immédiatement

immédiatement après les bains, soutenu quinze douches consécutives sur tout le corps, elle se trouva en état de marcher avec l'aide de deux bâtons : elle passa le reste de l'année très satisfaite de cette amélioration. L'année suivante étant retournée aux Eaux, elle y prit encore douze à quinze douches, qui achevèrent de lui rendre l'entière liberté des bras & des jambes, à tel point qu'elle monte, descend, & marche au moïen d'une petite canne, avec autant de vîtesse qu'auparavant.

Cette Observation, dans laquelle on voit l'humeur laiteuse déposée & fixée depuis si longtems sur toutes les articulations & sur les parties musculeuses & aponévrotiques, étoit sans contredit la cause de la maladie ; cette Observation, dis-je, prouve non-seulement à quel dégré ces Eaux possédent la qualité de détruire les épaississemens ; mais encore la promptitude avec laquelle elles agissent ; car dès la première fois que la malade fut aux Eaux, on s'apperçut que le mouvement renaissoit, & augmentoit successivement après chaque douche. C'est de tous les cas que j'ai vû, celui où le succès ait été aussi plein & aussi rapide ; & c'est précisément dans les rhumatismes universels, où il seroit à propos de commencer leur traitement par des bains de vapeurs, s'ils existoient, avant de passer aux douches ; ce moïen deviendroit préparatoire, augmenteroit infiniment l'effet de la douche, ou guériroit souvent sans être obligé de la prendre.

Quoique la douche soit le remède le plus communément employé pour la guérison des rhumatismes ; cependant il est souvent arrivé que les seuls bains de ces Eaux les ont radicalement emporté, sans avoir eu besoin d'y recourir, surtout lorsqu'après des rhumatismes aigus & accompagnés de fiévre, les douleurs sont encore vives & rébelles, & que la fiévre & ses autres symptômes n'existent déja plus.

OBSERVATION TROISIEME.

D'un Rhumatisme qui occupoit une partie des muscles de l'épine, les hanches, & les muscles fessiers.

UN homme âgé environ de 45 ans, d'un tempérament bilieux, sec & maigre, eut en revenant de la campagne, ses habillemens percés par la pluye, qu'il reçut pendant une lieuë & demi : étant de retour chez lui, & négligeant de changer de vêtemens ; ils séchèrent sur son corps ; mais au bout de deux jours il païa chèrement son imprudence par des frissons irréguliers, suivis d'une chaleur âcre, mordante, & de douleurs cruelles, qui ne lui permettoient pas de courber l'épine du dos, mouvoir les hanches, & fléchir les cuisses, même dans le lit : il resta trois jours dans cet état sans demander du secours, mangeant plusieurs soupes dans le jour, & prennant du caffé à l'eau, pour, disoit-il, se faire suer (*p*). Voyant

(*p*) C'est une maxime constamment suivie chez nos païsans, chez le bas-peuple, & quelquefois même chez les gens du second ordre, de faire suer les malades au commencement des maladies aiguës, par le moyen des mèdicamens incendiaires, joints à la quantité de couvertures : J'ai tâché jusqu'à-présent, & n'ai pas encore pû réussir à détruire entièrement chez les uns & les autres, une coutume si dangéreuse, ni les faire revenir d'un préjugé aussi nuisible qu'invétéré : ils ne savent pas que dans les fiévres inflammatoires surtout, une sueur excitée de la sorte améne promptement la gangrêne ; & que dans les fiévres putri-

enfin que son remède, bien loin de le soulager, ne faisoit, au contraire, qu'empirer le mal, il me fit appeller; je le combattis par la saignée, les lavemens émolliens & raffraîchissans, le petit-lait aiguisé avec la crème de tartre, des minoratifs & quelques légers calmans, pour procurer un peu de sommeil, dont le malade, dépuis longtems, n'avoit éprouvé les douceurs. Enfin, je fus assez heureux pour emporter totalement la fiévre, & diminuer beaucoup les douleurs: cependant, les voyant encore rébelles, & ne voulant pas chercher à les détruire par les sudorifiques, crainte de porter trop de feu dans un tempérament d'ailleurs sec & bilieux; je me déterminai à l'envoyer promptement aux Bains: sa parenté s'y opposoit vivement, vû sa grande foiblesse; mais, persuadé du succès, j'insistai, & il partit. Je règlai son régime, & lui recommandai de commencer d'abord par les bains, avant de passer à la douche, dont probablement il n'auroit pas bésoin. En effet, dès le premier bain il se sentit soulagé, & dormit environ quatre heures. Par le second & le troisiéme, ses douleurs diminuerent encore; il se tint debout une bonne partie du jour, & dormit toute la nuit. Comme il ne prenoit qu'un bain d'une heure par jour, & que les effets en étoient si prompts; il m'écrivit, s'il ne pourroit pas en prendre deux pour hâter sa guérison? Je lui répondis, qu'il le pouvoit, sans doute, avec juste raison; & au bout de dix jours, je fus surpris

des elle brouille toutes les fonctions, empéche la nature d'opérer la coction de la matière fébrile, & produit l'engorgement des viscères; d'où s'ensuit la mort.

de revoir mon malade avec de l'embonpoint, de l'appétit, sans douleurs, & marchant tout aussi aisément qu'auparavant. Il n'a jamais éprouvé dès-lors, que quelques légers ressentimens, lorsqu'au printems il veut quitter trop tôt ses habits d'hiver, & garder ceux d'été trop avant dans l'automne.

COMME la goutte a beaucoup d'analogie avec le rhumatisme, & qu'elle fraternise, pour ainsi dire, avec lui, il n'est pas surprenant que dans celle qui est de nature froide, la douche prise sur la partie affectée, ait eû des succès très-heureux, surtout lorsque cette espèce de goutte étoit récente, & qu'elle ait procuré beaucoup de soulagement lorsqu'elle étoit invétérée : Dans ce dernier cas, la prudence exige d'avoir égard au nombre & à la force des douches, & de purger de tems en tems, surtout s'il y avoit un œdeme considérable, afin de parer à une métastase qui pourroit dévenir funeste.

OBSERVATION QUATRIEME.

D'une Goutte dont le siége étoit dans le talon, & particulièrement à l'attache du tendon d'Achille.

UN Trompette au Régiment de Savoye-Cavalerie, âgé de 25 à 30 ans, avoit déja ressenti deux ou trois fois une douleur au talon, qui étoit beaucoup plus vive quand il s'exposoit à avoir les pieds mouillés. Ne sachant ce que pouvoit être cette douleur, qui l'empéchoit parfois de marcher, il s'adressa à Mr. *Grosse*, très-expert Chirurgien-Major dudit Régiment, qui, jugeant que c'étoit la goutte, & ne connoissant pas bien les propriétés des Eaux d'Aix, me consulta, pour savoir si elles lui conviendroient, ou non. Je l'y envoyai après l'avoir purgé; & dès qu'il eut pris quatre douches sur la partie même, il fut soulagé sensiblement: Ce bon effet l'engagea d'en continuer l'usage pendant quinze jours; & après ce tems il rejoignit son Corps, & ne s'est jamais plus apperçû de pareille douleur dans cette partie, ni ailleurs.

OBSERVATION CINQUIEME.

D'une Goutte héréditaire, qui attaquoit les extrémités inférieures.

UN Gentilhomme de 55 à 58 ans environ, d'un tempérament sanguin, avoit déja éprouvé plusieurs attaques de goutte, tantôt à un pied, & tantôt à l'autre, sans vouloir rien y faire que de garder le lit, parçequ'il avoit de la peine à se persuader que ce fut une maladie de cette nature: Mais comme chacun le lui disoit, & ayant d'ailleurs réfléchi que son père & son ayeul en avoit été atteints, il n'en douta plus; & dès l'instant se prépara par un léger minoratif & quelques jours de boissons délayantes, pour aller aux Eaux, dès que les douleurs se seroient un peu calmées. Il partit; prit d'abord deux ou trois bains, & passa tout de suite à la douche, sans cependant abandonner ces premiers. Et voici comment il se comportoit: Il entroit au bain sur les six heures du soir, & le lendemain matin il se faisoit doucher. Ce traitement fut exactement suivi pendant environ un mois, observant de se purger de tems en tems, &

de mettre parfois des intervalles entre les douches. Il revint de là totalement exempt de douleurs, & marchant avec beaucoup d'aiſance ; ce qu'il ne pouvoit faire avant la douche. Il a eû encore, à la vérité, depuis, & à des tems très-éloignés, quelques retours de cette maladie, mais infiniment plus légers, plus courts, & beaucoup moins fréquens.

D'APRE's ces deux Obſervations, il ſeroit cependant très-imprudent à tout goutteux de venir s'expoſer à l'effet de ces Eaux, ſans préalablement avoir conſulté quelques Médécins qui les connoiſſent ; & il ne faudroit pas non plus s'imaginer qu'elles produiſiſſent un pareil & un auſſi bon effet, dans tous les cas de goutte, que dans les précédens, ce ſeroit abuſer de la confiance que nous donnent les malades, que de le leur promettre. *Non eadem omnibus, etiam in ſimilibus caſibus opitulantur* (q). Il eſt d'ailleurs des circonſtances, dont cette maladie eſt quelquefois accompagnée, qui mettroient le malade en danger de perdre la vie, dans l'action même du remède, par un tranſport ſubit de la matière goutteuſe au cerveau ou ſur la poitrine. C'eſt au malade à bien inſtruire le Médécin, & à celui-ci de bien examiner, afin d'éviter une pareille bévûë, qui retomberoit tout-à-la-fois ſur l'Art, ſur l'Artiſte, & ſur les Eaux employées mal-à-propos.

LES affections du cerveau, les tremblemens de membres & les paralyſies, doivent, ſans contredit, être miſes au nombre des maladies pour leſquelles

(q) Aur. Corn. Celſ. in Præfat. Lib. I.

la vertu des Eaux eſt ſpécialement reconnuë ; elles ont même une ſorte de réputation dans l'hémiplégie, qui eſt la paralyſie la plus fréquente, ſurtout quand les malades ſont à portée d'y être conduits promptement, & dès la première attaque. Il y a cependant des cas, quoique rares, où elles ont encore procuré beaucoup de ſoulagement, après cinq à ſix mois de maladie (*r*) ; *ſed rara non ſunt artis :* Il y en a d'autres où elles guériſſent radicalement ; & dans la plûpart elles mettent les malades en état de marcher, & de ſe ſervir, dans preſque tous les béſoins de la vie, des membres qui étoient ci-devant perclus. Cependant, il eſt bon d'obſerver que la maladie dévient plus rébelle à l'efficacité des Eaux, à proportion de l'âge, du plus ou moins de perte du mouvement & du ſentiment, & du plus grand nombre de parties affectées, ſoit externes, ſoit internes. D'ailleurs, ſouvent cette maladie eſt accompagnée d'une fiévre ſoporeuſe, qui dure quelques jours ; quelquefois auſſi cette fiévre n'exiſte pas : Quand elle eſt de la partie, il ſeroit imprudent d'expoſer le malade aux Eaux, avant qu'elle eût ceſſé, & que les forces fuſſent un peu plus rétablies. Ce terme eſt ordinairement de douze ou quinze jours : mais lorſque la paralyſie ne ſe trouve pas compliquée avec la fiévre, alors, dès que les remèdes généraux ſont faits, on doit y conduire promptement le malade.

QUELQUES-UNS de nos Médécins prétendent que ſi

(*r*) Je dois avertir en général que plus on tardera, moins on devra eſpérer, dans cette maladie ſeulement, des ſuccès heureux de la part des Eaux.

le cerveau a été affecté par la paralyſie, ou enſuite d'une attaque d'apoplexie; ce qui ſe connoît par un embarras dans la parole, une altération de la mémoire, par la bouche torſe, la lèvre inférieure pendante, une ſalive viſqueuſe qui coule ſans ceſſe, avec des yeux fixes & hagards: ils prétendent, dis-je, qu'on doit alors exclure le malade des Eaux, & ne point le ſoumettre aux bains, & moins encore à la douche, de peur qu'il ne ſuccombe à une apoplexie parfaite, ou à une paralyſie plus étenduë. Mais je ſoutiens qu'il n'y a aucun riſque (s), pour peu qu'en pareil cas on agiſſe avec précaution. (Il en eſt de ces remèdes comme de tous les autres, ils doivent être proportionnés au mal.) Il faut alors accoutumer peu à peu le malade aux Eaux; les douches doivent être moins fortes & plus courtes, ſurtout celles qui ſe donnent ſur la tête; ou bien on peut encore mettre des jours d'intervalle entre chaque douche. D'ailleurs quel inconvénient y auroit-il dans une circonſtance auſſi délicate, d'être aſſiſté d'un Médécin, ou de quelqu'un de l'art, qui, par une obſervation ſuivie de ces Eaux, en connût bien les effets, & fût en état de conduire le malade dans un cas qui exige toute la prudence de cette ſcience.

(s) Bien loin qu'on ait jamais oüi citer un ſeul exemple d'un pareil évènement, depuis que l'on voit des Malades aller aux Eaux d'Aix, il eſt au contraire arrivé qu'un Habitant de l'endroit même, frappé d'un coup d'apoplexie, qui ne lui avoit laiſſé que la reſpiration & le battement du pouls, qui le diſtinguoient d'un cadavre, ayant été ſur le champ porté à la ſource, y réprit, comme par enchantement, la connoiſſance & la parole, & revint inſenſiblement à ſon état naturel, dont il jouit encore au moment où j'écris.

COMME il arrive fréquemment que, dans l'hémiplégie, la langue est plus ou moins paralysée; on pourroit faire tenir dans la bouche du malade, de l'Eau prise à la Source, pour lui servir de bain; & même pour s'en gargariser, s'il étoit possible : mais la langue n'ayant que très-peu, & souvent point de mouvement pour opérer cette action, on y supplée en faisant donner la douche immédiatement dans la bouche, & sur le trajet des nerfs de la cinquiéme & neuviéme paires du cerveau, qui se distribuent à cet organe. Car il est essentiel d'observer que dans les affections paralytiques, on prend presque toujours la douche sur la partie affectée, sans faire attention que la cause & le siége du mal en sont quelquefois bien éloignés; tandis, au contraire, que la chûte de l'Eau ne devroit, dans ce cas, porter que sur l'origine des nerfs à leur sortie du crane, ou sur la colomne épinière, suivant la nature de la maladie. Le Médécin, je le répéte encore, devroit, dans ces circonstances, être présent à l'administration du remède, ou tout au moins indiquer au malade, ou aux assistans, le lieu que l'on doit particulièrement doucher.

OBSERVATION SIXIEME.

D'une Hémiplégie qui s'annonça d'abord par un fourmillement à la main droite.

MA Mère, âgée de 73 ans, d'un tempérament sanguin, vif & robuste, & que je n'avois jamais vû malade, fut dans le mois de Mai 1770, après avoir écrit pendant environ demi-heure, attaquée tout à coup d'un fourmillement au bras droit, pareil à ce qu'on appelle vulgairement, *le pied* ou *le bras endormi*, lorſque l'une ou l'autre de ces parties a été gênée pendant quelque tems, ou poſée à faux. On m'appelle à l'inſtant; & ne lui reconnoiſſant aucun autre ſymptôme qui pût me faire ſoupçonner une paralyſie, parcequ'elle n'avoit jamais paru avoir aucune diſpoſition aux maladies ſoporeuſes; je lui frappai & frottai la main pendant l'eſpace de quelques minutes, pour remettre le ſang en mouvement, que je croyois ſeulement ralenti; mais dès qu'elle m'eut dit qu'elle ne ſentoit point les frictions que je lui faiſois, je ne reconnus que trop de quoi il étoit queſtion; c'eſt-à-dire, que le bras étoit paralyſé. Comme elle étoit aſſiſe, elle voulut eſſayer de ſe lever; mais la jambe du même côté ſe trouva auſſi affectée : elle marcha cependant encore, aidée à la vérité d'un de mes frères & de moi, qui la ſoutenions par-deſſous les bras; mais lorſqu'on voulut la mettre au lit, les extrémités du côté droit, tant ſupérieures qu'inférieures, furent ſans mouvement & ſans ſentiment.

DANS moins d'un quart-d'heure elle fut ſaignée du bras, & prit un lavement purgatif, qui lui procura des évacuations copieuſes : le reſte de la journée je lui fis faire ſur les parties paralytiques des frictions tantôt ſéches & tantôt avec des eaux ſpiritueuſes. Sur le ſoir la lèvre & l'œil du même côté paroiſſant aſſez affectés, & la parole étant embarraſſée, ſans cependant qu'aucune fonction du cerveau fût lézée, je me déterminai à lui faire appliquer un large veſſicatoire à la nuque; le lendemain elle fut purgée, & les ſelles furent abondantes & glaireuſes. Enſuite de cette purgation, la paupière ſupérieure, qui couvroit entièrement le globe de l'œil, & la bouche, qui étoit assez de travers, se remirent déja, à peu de chose près, dans leur état naturel; la parole dévint aussi plus libre, & les traits du visage moins altérés; mais le mouvement & le sentiment ne revinrent point au bras ni à la jambe, qui, insensiblement, s'œdématièrent l'un & l'autre. La main surtout & le pied acquirent un volume si considérable, que je désespérois de pouvoir le dissiper. Elle demeura dans cet état environ quinze jours, pendant lesquels je tâchai de rétablir ses forces & les fonctions de l'estomac par des bols stomachiques, dont le quinquina faisoit la base, & par un régime exact & analeptique. Ce traitement ne contribua pas peu à chasser une espèce de fiévre soporeuse rémittente, que j'observai très-bien pendant tout ce tems (t). D'ailleurs, les pluies continuelles furent alors l'unique raison qui me déterminerent à ne la conduire aux Eaux, qu'au bout de ce tems, qui se trouva parfaitement d'accord, & se rencontra heureusement avec la fin de cet état fébrile.

Je partis avec elle, & dès que je fus arrivé, je lui fis donner un lavement avec les Eaux pures, comme

(t) Ce cas a été le premier où j'aye remarqué cette fiévre que je n'aurois jamais soupçonné accompagner cette maladie; mais ayant eu depuis occasion de l'observer dans quatre autres cas pareils, je ne saurois plus douter de son existence, & il me paroît même que sa durée peut servir de règle pour envoyer les paralytiques aux Eaux; c'est-à-dire, que depuis la première invasion de la maladie, jusqu'à l'entière cessation de cette fiévre, qui va souvent jusqu'au quatorziéme jour, les Malades ne devroient pas être soumis à l'action des Eaux; quoique cependant il y ait des cas où elles ont eu des succès marqués, quand ils y ont été plongés beaucoup plûtôt que ce terme, & quelquefois même à l'instant de l'attaque.

c'eſt la coutume : Après l'avoir rendu, on la mit dans un bain dont la chaleur étoit, au thermomètre de Mr. de Réaumur, de 30 à 35 dégré. Au troiſiéme bain elle commença à faire quelques mouvemens du bras & de la jambe; ce qu'elle ne pouvoit pas exécuter auparavant. Au ſixiéme elle parvint à ſoulever très-bien l'une & l'autre de ces parties, par-deſſus la la ſurface de l'Eau; mais juſqu'au dixiéme elle ne parut rien acquérir de plus; au contraire, il me ſembla que dès-lors les bains l'affoibliſſoient & cauſoient plus de rélâchement. Je les ceſſai donc pour lui faire prendre la douche : la première fut de dix minutes, & ſe donna ſeulement ſur le haut & le long de la colomne épinière, juſqu'à ſa baſe; j'augmentai inſenſiblement leur durée juſqu'à quinze minutes, de même que leur force, en faiſant tomber l'eau de plus haut qu'à l'ordinaire, ſurtout quand on douchoit les parties charnuës & muſculeuſes, telles que le bras, l'avant-bras, le gros des feſſes & la cuiſſe. Les dernières douches ſe donnerent ſur l'occiput, ſur toute la partie du viſage qui avoit été affectée, & même juſques dans la bouche; elles lui rappellerent une partie du goût qu'elle avoit, ſeulement perdu dans la moitié de la langue; car ſouvent elle ſe plaignoit de trouver âpre tout ce qu'elle mâchoit, particuliérement du ſeul côté affecté. Elle ne prit, cette première fois, que douze douches; & j'eus la pleine ſatisfaction, avant de partir d'Aix, de la voir marcher ſeule au moyen d'une béquille, ou en la ſoutenant ſous le bras. De retour à la Ville, je la mis à l'uſage des bouillons de vipère, qui lui firent beaucoup de bien; je la faiſois ſouvent agir & promener dans le jour, pour maintenir le mouvement que les membres paralytiques avoient repris ; & l'œdématie de la main, de la jambe & du pied s'étant insensiblement dissipée, ces parties, quant au volume, sont revenuës à leur état naturel. Dans le commencement de Septembre de la même année, elle alla, pour la seconde fois, reprendre quinze à dix - huit douches, qui ne laisserent pas de fortifier encore les parties, & lui enléverent des douleurs qu'elle sentoient principalement à la main. Dès-lors, soit par un régime de vivre dont je ne la laisse pas écarter, soit par des purgatifs qu'elle prend tous les deux ou trois mois, & qui me sont indiqués par des intermittences dans le pouls, elle jouit actuellement d'une assez bonne santé, excepté cependant le bras, qui a plus difficilement repris ses facultés que la jambe.

OBSERVATION SEPTIEME.

D'une Paralysie presque universelle, à la suite d'une attaque d'apoplexie.

MR. l'Avocat *Burdin* d'Annecy, âgé d'environ 50 à 55 ans, fut frappé d'apopléxie : les Médécins du lieu, après lui avoir fait les remèdes prompts & convenables en pareil cas, jugerent à propos de le faire partir pour les Eaux : il y arriva, mais sanspouvoir parler, & sans mouvement ni sentiment d'aucune partie. Dès qu'il eut pris trois à quatre bains, & autant de douches, le mouvement revint aux extrémités supérieures & inférieures, de même qu'à la langue; & on l'entendoit déja articuler quelques mots, confusément à la vérité, mais que l'on comprenoit cependant assez bien pour pouvoir le ſatisfaire dans tous ſes béſoins. Enfin, après avoir continué l'uſage des bains & de la douche pendant quelque tems, & ſe trouvant chaque jour de mieux en mieux de leurs bons effets, il quitta les Eaux, parlant auſſi diſtinctément, & marchant avec autant de liberté qu'avant ſon attaque.

OBSERVATION HUITIEME.

Sur une autre Hémiplégie.

MR. *Dianand*, âgé de 70 ans, homme d'un tempérament bilieux-ſanguin, vif & robuſte, étant appuyé ſur le parapet de ſon jardin, fut pris d'un étourdiſſement aſſez violent, qui l'auroit preſque fait culbuter du haut du parapet, ſans un prompt ſécours de ſon fils, qui ſe trouva à côté de lui. On le ſaigna dans le moment, & le mal diſparut. Mais en *1769*, (environ un an après) il ſe plaignit tout-à-coup d'un engourdiſſement à la jambe gauche, qui en diminua d'abord beaucoup le ſentiment & le mouvement : peu à peu la perte de l'un & de l'autre augmenta, & la diſtorſion de la lèvre en même tems ſe manifeſta. Je fus conſulté ſeulement deux mois après l'attaque; je conſeillai une purgation, & l'envoyai tout de ſuite aux bains. Dès le lendemain de ſon arrivée, il fut à la douche; il en prit quinze, qui eurent contre mon attente, un effet ſi prompt & ſi heureux, qu'il revint à pied de ſa campagne, éloignée de près d'une lieuë de la Ville. La bouche eſt encore, à la vérité, reſtée tant-ſoit-peu de travers; mais les facultés de l'ame ſont libres : il marche, ſe promène, & jouit actuellement d'une très-bonne ſanté.

OBSERVATION NEUVIEME.

D'une Paralysie à la suite d'un rhumatisme universel.

MR. *Lavergne*, Négociant de Lyon, âgé d'environ 50 ans, d'un tempérament sanguin, & d'un caractère vif & enjoué, fut atteint d'un rhumatisme pour lequel il employa différens remèdes, qui, bien loin de l'avoir soulagé, lui laisserent tout le côté droit dans un état presque paralytique : la paupière du même côté étoit éraillée, la bouche torse, le sentiment de toute la partie droite, singulièrement celui de la jambe, diminué à tel point, que le toucher même assez fort, n'étoit plus pour lui qu'une sensation vague & obtuse; & le mouvement de l'articulation du pied avec la jambe, ainsi que celui des orteils, s'exécutoit si lentement, qu'à peine dévenoit-il sensible à la vûë. Tel étoit à-peu-près son état, lorsque je fus appellé la première fois. Cependant, ayant exigé un examen plus détaillé & plus approfondi de tout ce qui avoit précédé, je promis que les Eaux lui procureroient du soulagement; & le succès répondit à mes promesses; car après quelques bains & seize ou dix-huit douches, la bouche & la paupière se remirent très-sensiblement; la roideur de l'épine (*u*) diminua, & les muscles de cette partie sembloient être plus dociles à ses différens mouvemens : la sensation dans les ex-

(*u*) Cette roideur étoit le symptôme dont il se plaignoit le plus, car il lui paroissoit d'être presque toujours appuyé sur une planche colée sur toute la longueur & la largeur de l'épine ; car telle étoit sa façon de s'exprimer : *Monsieur, je suis sur mes planches.*

trémités plus forte; le sommeil, dont il ne pouvoit jouir auparavant, plus long, quoique souvent interrompu; & la tête, qui, ne pouvant guères se soutenir d'elle-même, allant à droite & à gauche, étoit pour lors ferme & solide sur la colomne vertébrale. En général, je peux dire que Mr. *Lavergne*, à son départ pour Lyon, quoiqu'il ne fût venu aux Eaux qu'au mois d'Octobre, tems où elles ont moins de force & de vertu, avoit beaucoup gagné par leur usage, tant du côté de l'embonpoint, que de celui du sentiment & du mouvement.

ON doit ranger dans le nombre des maladies où les Eaux d'Aix sont surtout employées extérieurement avec beaucoup de succès, les douleurs que l'on ressent dans les parties qui ont souffert des fractures, luxations, foulures ou entorses; dans celles occasionnées par des cicatrices qui ont succédé à de grandes plaies, & intéressé les nerfs principaux; dans les douleurs sourdes qui restent après une chûte, & qui empêchent le mouvement musculaire & le libre jeu des articulations; & généralement dans plusieurs vices locaux, où il est nécessaire de résoudre l'épaississement des humeurs, & fortifier en même tems les parties, comme dans les ankiloses & le rachitis. Ces Eaux pourroient aussi faire beaucoup de bien dans les tumeurs appellées ganglions (*x*); ne négligeant cependant pas

---

(*x*) Voyez les Observations de Bogdan, rapportées au 3e. volume de l'Histoire de l'Anatomie & de la Chirurgie, par Mr. Portal, page 58.

pas les autres topiques qui serviroient en même tems à aider leur effet. Les bains, mais principalement la douche, sont la manière dont on use des Eaux dans tous ces cas; & comme c'est presque toujours sur les bras, les cuisses ou les jambes que ce remède doit agir, il n'est bésoin, avant de s'y exposer, d'aucune préparation intérieure; une seule purgation suffit; encore peut-on hardiment s'en passer, surtout s'il s'agit de fractures, luxations, foulures ou entorses. Il n'en sera pas de même dans le rachitis, l'ankylose & les ganglions; car dans le rachitis, on doit, avant de passer aux Eaux, avoir préalablement donné des remédes internes, appropriés à cette maladie, & les continuer en outre pendant leur usage, en purgeant de tems en tems suivant les circonstances. Il faut suivre la même route dans le traitement des ganglions & de l'ankylose, surtout si ces deux affections reconnoissent pour cause un épaississement lymphatique, & particulièrement dans cette dernière, une collection de la synovie dans les articulations. Les fondans & les savoneux alliés aux purgatifs, sont, en prenant la douche & les bains, les remédes qui doivent être principalement mis en usage, afin de favoriser & hâter en même tems l'effet des Eaux.

OBSERVATION DIXIEME.

Sur les Accidens après une chûte sur l'os de la cuisse.

MADAME la Veuve *Glapigny*, femme de grande stature, & ayant assez d'embonpoint, fit une chûte de son haut, dans laquelle tout le poids du corps porta sur l'os de la cuisse gauche: la douleur en fut si vive, qu'elle ne put se relever, & moins encore marcher. Elle fait appeller des Chirurgiens, qui lui donnerent leurs soins; mais six mois & plus s'étant dès-lors écoulés, sans que sa situation, à proportion du tems, fût dévenuë meilleure, ils lui conseillerent les Eaux: elle y vint; & m'étant trouvé à Aix à son arrivée, elle me demanda ce que je pensois de son état? Je lui répondis qu'il étoit susceptible de beaucoup de soulagement, & promis, avec une ferme assurance, que la douche étant le seul reméde à son mal, la mettroit bientôt dans le cas de marcher avec plus d'aisance. En effet, cette Dame, qui ne pouvoit aller qu'avec des béquilles, & qui, au plus petit mouvement de la cuisse, souffroit des douleurs étonnantes dans le genou, qui étoit en outre considérablement enflé: cette Dame, dis-je, après vingt-quatre douches, abandonna ses béquilles, & a continué dépuis à marcher sans autre sécours, que celui d'une simple canne. Elle se plaint encore de quelques douleurs dans le haut de la cuisse; mais c'est seulement lorsqu'il s'agit de monter & d'élever beaucoup cette partie.

Il y a tout lieu de présumer que dans cette chûte, le grand *Trochanter* fut vivement frappé, & que la tête de l'os, repoussée avec violence dans la cavité cotyloïde (*y*), pressa les glandes synoviales (*z*), de

---

(y) La cavité cotyloïde est le lieu des os des hanches, dans lequel s'emboîte la tête de l'os de la cuisse.

(z) Les glandes synoviales sont celles qui sont répanduës dans les articulations, & qui séparent une humeur appellée *Synovie*, qui les humectent & les lubrifient, pour faciliter le mouvement des parties, & empêcher que le frottement des os ne devînt douloureux.

façon à les meurtrir: la contusion qu'ont souffert la capsule & le rebord articulaire, la compression du nerf sciatique & des vaisseaux sanguins cruraux, ont produit l'engourdissement & l'enflure du genou. Un tel délabrement dans l'articulation même & dans ses environs, ne put qu'être suivi d'inflâmation & d'extravasation; d'où la synovie accumulée, abbreuvant les ligamens de cette partie, doit les avoir totalement relâché: il ne falloit donc pas moins que la vertu incisive & fortifiante des Eaux d'Aix, pour emporter & détruire tous les symptômes fâcheux dont la malade étoit travaillée.

OBSERVATION ONZIEME.

Sur les suites d'une fracture & luxation à la même jambe.

LA fille d'un Conseiller au Baillage de Montbrison, âgée de 20 à 21 ans, se cassa, par une chûte, le péronné (*a*) dans son milieu, qui se luxa en même tems avec l'astragale (*b*). Quoique le tout eût été traité suivant les règles de l'Art, cet accident lui avoit laissé la jambe & le pied foibles & très-œdémateux: elle boitoit, marchoit avec peine, & ressentoit souvent des douleurs assez vives dans toute la partie. Après plusieurs remèdes, elle vint aux Eaux d'Aix, déses-

(*a*) Le Péronné est un des deux os de la jambe, & celui qui forme la malléole externe, vulgairement appellée *cheville du pied.*

(*b*) C'est un des os du pied, qui s'articule avec ceux de la jambe.

pérant encore d'y trouver du ſoulagement, parceque leurs vertus étoient, à ce qu'elle diſoit, peu connuës dans ſon pays. Mais qu'elle fut agréablement ſurpriſe, lorſque ſeulement après la première douche, l'enflure diminua tout-à-coup, & qu'elle commença à marcher avec beaucoup plus d'aiſance & moins de douleur! Elle continua pendant dix-huit à vingt jours un remède dont le ſuccès accéléroit à vûë d'œil ſa guériſon: & très-déterminée de revenir l'année ſuivante, elle partit dans un état bien différent de celui où elle étoit venuë, & ſans contredit capable de perſuader à ſes compatriotes le dégré d'efficacité que poſſédent nos Eaux dans de ſemblables cas.

OBSERVATION DOUZIEME.

De roideurs & douleurs, enſuite d'une contuſion ſur toute la longueur de la jambe.

MR. le Comte *Fontana*, Capitaine au Régiment de Savoye-Cavalerie, étant tombé de cheval ſur l'articulation de la jambe avec le pied, en ſouffrit une telle contuſion, qu'elle s'étendoit ſur toute cette partie, juſqu'au genou. Tous les ligamens de l'une & l'autre jointure avoient été ſi violemment froiſſés, qu'il y reſſentoit toujours par intervalle des douleurs, particulièrement dans les changemens de tems; & les muſcles de la jambe ſi fort contus, qu'ils n'avoient jamais pû reprendre leur force naturelle. Il vint à Aix; il mit chaque jour toute la jambe, juſqu'au deſſus du genou, dans le bouillon des Eaux, pendant demi-heure, & prenoit enſuite la douche ſur toute l'étenduë de la jambe & du pied. Au bout de trois ſemaines il ſe ſentit infiniment ſoulagé, & marcha avec beaucoup plus d'aiſance, parceque toutes les puiſſances qui ſervoient à faire mouvoir cette extrémité, avoient acquis plus de force, en dévenant plus ſouples. Les douleurs, à ſon grand étonnement, ſe renouvellerent, il eſt vrai, environ huit jours après avoir ceſſé les Eaux; mais il fut raſſuré, quand on lui dit que cela arrivoit preſque toujours. En effet, elles diminuerent inſenſiblement, pour ne plus reparoître du tout.

OBSERVATION TREIZIEME.

Sur une fracture de la rotule.

MR. *de Montaran*, Lieutenant au Régiment d'Angoumois, étant de garniſon à Grenoble, ſe caſſa, dans une chûte, la rotule (*c*) en cinq ou ſix piéces, dont une ou deux étoient aſſez écartées des autres. On remédia à cette fracture; & le malade, après avoir gardé le lit pendant environ vingt-cinq à trente jours, marchoit encore difficilement, & ſans pouvoir fléchir ni étendre librement la jambe; il lui reſta une enflure tout-au-tour du genou, qui, l'obligeant à la porter toujours à crochet, le gênoit beaucoup dans la démarche, ſurtout lorſqu'il vouloit ſe tenir debout pendant quelque tems. Le Frère *Dominique* de la Maiſon de la Charité de Grenoble, lui conſeilla, pour guérir radicalement, d'aller à la douche des Eaux

---

(*c*) C'eſt cet os mobile, plat & rond, à peu près de la figure d'un cœur, placé dans le devant de la jointure de la cuiſſe avec la jambe, qu'on appelle *le genou.*

d'Aix. Il vint deux fois pour les prendre ; & à la première il le fit avec tant de précipitation, qu'il en prenoit jusqu'à cinq dans le même jour, & s'en alla au bout de six à sept jours, sans emporter une amélioration bien sensible. Cependant, inquiet sur son état, il y revint ; & jugeant à propos d'user des Eaux avec beaucoup plus de soins & de précautions, il en partit si bien remis, qu'il marchoit avec aisance, sans nulle apparence d'enflure dans toute la partie. Il quitta, pour toujours, sa canne, dont il ne pouvoit se passer auparavant ; & dansa même à Chambéry une allemande à son retour des Eaux.

Deux réflexions principales se présentent dans cette Observation : La première est qu'il faut, de toute nécessité, qu'après le coup qui produisit la fracture, le malade, par un mouvement naturel à tous les hommes, pour s'assurer s'il avoit quelque chose de cassé, ait contracté les muscles extenseurs de la jambe, qui, dans leur contraction, ont attiré vers le haut de la cuisse, une ou deux des piéces supérieures de la rotule fracturée. La seconde réflexion, est que la cure radicale de cet accident prouve, contre l'opinion de plusieurs Chirurgiens, & notamment d'*Ambroise Paré*, qu'après la guérison de la fracture de la rotule, les malades ne restent pas toujours boiteux, & qu'elle n'est par conséquent pas incurable, malgré le gonflement des parties voisines & l'épanchement du suc osseux, qu'il y a eû dans ce cas-ci. L'expérience se trouve donc quelquefois contraire au sentiment même des grands hommes : il est donc permis, & même à propos, de n'y pas toujours adhérer ; car si, sur la foi des Auteurs, on n'eût point tenté, dans cette circonstance, de remédier aux ſuites de cette fracture par le moyen des Eaux, ce jeune & brave Militaire auroit été eſtropié pour le reſte de ſa vie, & privé pour toujours de répandre, dans l'occaſion, ſon ſang pour la défenſe de ſa Patrie & de ſon Roi.

OBSERVATION QUATORZIEME.

Sur une fracture de la jambe en pluſieurs piéces.

LE nommé *Joſeph*, garçon d'écurie à la Poſte d'Aiguebelle ſur la route de Turin, ménoit, par une deſcente aſſez rapide, une voiture attelée de deux chevaux, dont l'un prit le mors aux dents, & le renverſa à terre; les chevaux & les rouës de la voiture lui paſſerent ſur la jambe, & la briſerent à tel point, que pluſieurs eſquilles d'os avoient percé les tégumens, & paroiſſoient au déhors. Une abondante hémorragie & une extravaſation de ſang dans toute l'étenduë de la jambe, l'avoient réduit dans un ſi pitoyable état, que le Chirurgien qui fut appellé, déſeſpérant de pouvoir conſerver la jambe, en propoſa d'abord l'amputation, à quoi ne voulut jamais conſentir le malade. On fut obligé, dans la réduction & dans la ſuite du traitement, d'emporter pluſieurs piéces oſſeuſes, qui ſe manifeſtoient au déhors de la plaie par la ſuppuration. Enfin, après ſix mois environ le malade commença à marcher, en s'appuyant ſur un bâton, boitant, ſouffrant toujours beaucoup, & la jambe étant reſtée difforme & extrèmement engorgée. Il a vécu dans cette triſte ſituation, & pouvant à peine ſe traîner, pendant trois ou quatre ans. Au bout de ce tems ayant été appellé dans l'endroit pour un malade, il me fit voir sa jambe & me raconta son aventure, en me demandant s'il n'y auroit pas moyen de guérir? Je lui dis que le seul que je connusse, étoit les Eaux d'Aix, & lui prescrivis en même tems la manière dont il devoit en user. Comme c'étoit précisément alors la saison, il se mit derrière une voiture pour y arriver; (car il lui auroit été impossible de venir à pied:) il exposa d'abord sa jambe au bouillon, deux fois par jour, pendant douze jours consécutifs; ce qui commença à diminuer ses douleurs, rendit le partie beaucoup plus souple, & la démarche plus aisée. Il prit ensuite douze douches, qui emporterent presque tout l'engorgement de la jambe, & la mirent à peu-près égale à l'autre en grosseur. Le malade fut si content & si surpris d'un changement aussi avantageux, qu'il vouloit s'en retourner à pied: je le lui défendis expressément, lui ordonnai même de garder un grand ménagement pour cette jambe, & d'y faire, par intervalle, des fomentations aromatiques avec le gros vin, jusqu'à l'année prochaine, qu'il reviendroit aux Eaux. En effet, il y est revenu à pied avec beaucoup d'aisance: (on compte huit fortes lieuës d'Aiguebelle à Aix.) Il y a suivi la même méthode que l'année précédente, & jouit présentement, sans aide, de la même facilité pour marcher, que ci-devant, à la difformité près de la jambe, à laquelle il est impossible de remédier, vû la déperdition de substance dans la partie.

OBSERVATION QUINZIEME.

D'un Rachitis, *ou Nouage, gueri par la douche.*

LA fille d'un Procureur, âgée environ de 12 à 14 ans, se plaignoit depuis longtems d'une pésanteur & d'une difficulté à marcher, qui l'engageoient tellement à garder le repos, qu'on ne pouvoit la déterminer à se mouvoir, ni par prières, ni par ménaces. Son père, inquiet de cet état, me pria de la voir; & après l'avoir examinée, je reconnus sans peine, à la tuméfaction des extrémités de la plûpart des os, surtout dans les articulations du pied, du genou & des poignets, que cette fille étoit nouée. Je prescrivis d'abord un purgatif avec la poudre cornachine, pour la mettre ensuite à l'usage d'une tisanne faite avec la racine de garence, & d'un bol pris matin & soir, composé de savon, de la terre foliée du tartre, & de rhubarbe. Elle usa de ces remèdes pendant deux mois environ avec assez de succès, ayant soin de la purger tous les dix jours: C'est pourquoi, voyant au bout de ce tems qu'elle étoit plus souple à marcher, qu'elle ne dandinoit plus, & que les extrémités des os avoient beaucoup perdu de leur volume, je tantai de l'envoyer à la douche, m'imaginant que ce sécours donneroit de la consistence à la tête des os, les fortifieroit, & s'opposeroit à leur ramollissement. En effet, l'expérience confirma mon opinion; car la douche prise sur toutes les articulations affectées, pendant vingt-quatre jours, les fortifia, dissipa totalement la grosseur des os, & les rétablit dans leur état naturel. Dès-lors, la Demoiselle dévenuë nubile, a toujours joui de la meilleure santé, & n'a jamais plus eû aucun vestige de cette maladie, si préjudiciable, surtout au sexe, lorsqu'il se destine au mariage, ne donnant alors le jour qu'à des êtres mal conformés, qui peuvent se multiplier de plus en plus, & les mères, qui pis est, périssant souvent dans l'accouchement.

Les Eaux d'Aix ont aussi souvent guéri, au moyen de la douche, les maux de tête opiniâtres & la surdité, principalement lorsqu'elle est récente, & & qu'elle est occasionnée par une suppression de transpiration de la tête. (Je rapporterai à ce sujet une Observation des mieux caractérisées.) Mais le doucheur, dans ce cas, ne doit pas manquer de faire entrer de l'Eau minérale dans les oreilles du malade: cette espèce d'injection ramollit & facilite la sortie de la cire amassée & endurcie, qui, bien souvent, est la seule cause de cette maladie.

Observation Seizieme.

D'une Surdité.

Un Garçon Perruquier de 25 ans, faisant son tour de France, fatigué par la chaleur & la longueur de la route, se repose à l'ombre pour y prendre le frais; il se couche sur l'herbe encore humide, & s'y endort pendant plus d'une heure: mais quelle est sa surprise, lorsqu'à son réveil il sent un bourdonnement dans les oreilles, & s'apperçoit qu'il est absolument sourd de celle sur laquelle il s'étoit endormi? Il se lève promptement, & se hâte d'arriver à Lyon pour y porter remède. Il consulte & met d'abord en exécution les ſaignées du pied, les fomentations, les veſſicatoires & injections, le tout ſans aucun ſuccès : Le déſeſpoir & la crainte de ne jamais guérir, le jettent dans l'abbatement & la triſteſſe ; enfin, après deux mois de traitement, il ſe détermina à quitter Lyon. Arrivé à Chambery on me l'adreſſa ; & m'ayant fait le récit de ſon cas & des remèdes dont il avoit uſé, je l'envoyai auſſitôt à Aix, prendre la douche ſur la partie affectée, le conſolant, & lui promettant une guériſon aſſurée. Quelques jours après je vis revenir mon homme, d'une gaïeté & d'une ſatisfaction ſans égale, qui me dit, qu'à la quatriéme douche ſa ſurdité s'étoit entièrement diſſipée ; qu'il avoit l'ouïe de ce côté auſſi fine que de l'autre, & qu'il alloit prôner partout le merveilleux effet de nos Eaux.

ON emploie encore ſouvent, avec beaucoup de ſuccès, les Eaux d'Aix en bains & en douches, dans les obſtructions & les tumeurs du bas-ventre, pourvû cependant qu'elles ne ſoient point compliquées avec la fiévre. J'en citerai trois cas à peu-près ſemblables, dont je ne ferai qu'une ſeule Obſervation.

OBSERVATION DIX-SEPTIEME.

Sur des Obſtructions.

TROIS perſonnes de diſtinction, dont l'un Commandeur de Malthe, & les deux autres Militaires, atteints d'obſtructions bien caractériſées, après avoir uſé de pluſieurs remèdes, allerent à Aix de l'avis de leurs Médecins reſpectifs. L'un des trois portoit depuis longtems une rate tellement obstruée, qu'elle occupoit tout l'hypocondre gauche, & se faisoit appercevoir jusques près du nombril. Le foie chez les deux autres étoit le viscère malade : dans l'un, à la suite d'une jaunisse invétérée, & dans l'autre, par un mauvais régime pratiqué depuis longtems, & des digestions encore plus mauvaises. Tous trois étoient dans un pitoyable état, & souffroient tous les symptômes qui dépendent de ces maladies. Ils commencerent à prendre chacun quinze bains, & bûvoient, en même tems, tous les matins environ deux livres d'Eau de Souffre; ensuite ils prirent, sur les parties même affectées, des douches d'abord légères en force & en durée : mais s'appercevant qu'ils en étoient beaucoup soulagés, ils jugerent à propos, par le conseil de leurs Médécins, d'aller jusqu'à vingt, en les prenant toujours sur le même lieu, & les rendant plus longues & plus fortes : Elles eurent tout le succès qu'on pouvoit en attendre; car ils partirent d'Aix jouissant d'une bonne santé, mangeant de toutes sortes d'alimens comme les autres, sans souffrir aucune incommodité du côté de la digestion : le coloris de leur visage étoit absolument changé, & le volume du bas-ventre revenu à un état si naturel, que par le tact on n'appercevoit plus ni engorgement ni dureté dans les viscères.

CEs Eaux sont un remède assuré, prises surtout en bains, dans les maladies de la peau, telles que les dartres, la galle & la teigne; & je suis persuadé qu'elles seroient encore bien plus efficaces dans tous ces cas, si, afin de retirer tout l'avantage possible de leur vapeur sulfureuse, on prenoit les bains à la Source même. Nous avons vû réussir plusieurs fois ces Eaux en douche dans la stérilité, lorsqu'elle dépend en général d'une constitution foible & délicate, ou qu'on a lieu de présumer l'inertie des nerfs, surtout de ceux qui se distribuent aux parties de la génération. J'en ai une Observation bien constatée dans la femme d'un Intendant, dont le genre nerveux étoit extrèmement sensible, délicat & aisé à émouvoir. Mariée dépuis quelques années, sans être mère, & désirant ardemment de pouvoir le dévenir, elle fit un voyage en Savoye pour changer d'air; elle y témoignoit souvent l'envie qu'elle auroit d'avoir un enfant, & souvent on lui disoit que les Eaux d'Aix étoient merveilleuses pour remplir ses désirs. En effet, elle y alla, prit d'abord quelques bains, ensuite desquels elle se fit donner la douche sur toute la région des lombes, & principalement sur l'os sacrum, d'où sort une partie des nerfs qui vont à la matrice; & neuf mois environ après son retour des Eaux, elle accoucha d'un gros garçon, à sa grande joie & à la satisfaction de toute sa famille, & qui plus est, sans avoir souffert aucune incommodité pendant tout le tems de sa grossesse.

A La suite de la 17e. Observation, dans laquelle on a vû que la douche a été utilement donnée pour des maladies internes, immédiatement sur la partie même affectée; je pourrois en ajouter encore deux autres, de cas d'une nature bien différente, où la douche, employée de même, a eû un succès pareil:

l'un eſt une hydropiſie aſcite, à la vérité, ſans fiévre, radicalement guérie par la douche, que je fis prendre, pendant douze à quinze jours, ſur toute l'étenduë du bas-ventre, avec un cornet plus long & d'un calibre plus étroit, que ceux dont on ſe ſert ordinairement, pour en augmenter la force. Ce remède fut ſuivi les premiers jours d'une tranſpiration des plus abondantes, avec une diminution ſenſible du volume du ventre. Cette tranſpiration, qui ſe ſupprima ſans cauſe apparente, fut enſuite remplacée par un flux copieux & continuel d'urines bourbeuſes, qui acheverent la guériſon. L'autre cas eſt une guériſon d'écrouelles, en partie ulcérées & ſituées ſous le col, opérée par la boiſſon, les bains & la douche des Eaux, priſe ſur les tumeurs mêmes : Le malade avoit auparavant uſé, pendant quelque tems, de pluſieurs remèdes fondans; & j'y avois même fait faire quelques frictions mercurielles, ſans que ce traitement eût beaucoup diminué ſon mal (*d*).

Ce ſont ſouvent les circonſtances & le dégré de la maladie, les différens moyens inutilement employés, & le conſentement du malade à en tenter d'autres, parcequ'il eſt fatigué de la longueur de la maladie; ce ſont, dis-je, toutes ces conſidérations qui engagent le Médécin à mettre en uſage certains remèdes qui

---

(*d*) On lit dans les Prix remportés à l'Académie Royale de Chirurgie de Paris, Tom. 6. dans une Diſſertation de Mr. Bordeu, les Obſervations 4. & 12. d'Ecrouelles guéries par les bains & douches des Eaux de Baréges, dont les vertus ont beaucoup d'analogie avec les nôtres; & j'avouë franchement que c'eſt d'après la lecture de ces Obſervations, que j'en fis l'expérience dans le cas dont il s'agit ici.

paroissent d'abord téméraires & ridicules, ou qui sentent un peu l'essai, & qui ne laissent pas quelquefois d'avoir des succès favorables. Mais quoique j'aie été assez heureux pour réussir dans les deux occasions que je viens de citer, je ne conseillerois cependant pas de suivre toujours mon exemple ; la fiévre peut survenir ; ces tumeurs, tant internes qu'externes, peuvent s'enflâmer ; il peut enfin naître mille autres accidens, auxquels on n'est quelquefois plus à tems de remédier : alors le blâme ou la honte pour le Médecin, & la mort, qui pis est, pour le malade, sont les seuls fruits qu'on retire d'une hardiesse peu réfléchie : l'Observation suivante en sera une preuve évidente.

OBSERVATION DIX-HUITIEME.

Sur une Tumeur à la matrice.

UNE Demoiselle de 36 à 40 ans, d'un tempérament qui participoit du bilieux & du mélancolique, avoit depuis longtems une tumeur dure, rénitente & assez élevée à la matrice, pour laquelle elle avoit déja fait divers remèdes, sans avoir jamais voulu en continuer aucun, parcequ'ils n'emportoient pas son mal, comme elle l'auroit souhaité, au bout de quatre à cinq jours. Son Médécin, rébuté de sa mauvaise humeur, lui propose les Eaux d'Aix ; elle y consent : après les avoir bû pendant quelque tems, & pris quinze bains & six douches légères sur la partie malade, elle fut tellement soulagée, qu'elle se crut presque guérie, parceque sa tumeur avoit d'ailleurs considérablement diminué. Elle quitte donc les Eaux, passe l'année dans un état beaucoup meilleur, & attendit tranquillement que le tems des Eaux fût revenu ; Alors elle fut impatiente d'y retourner, espérant d'en partir entièrement délivrée de sa tumeur. Mais les choses changerent bien de face ; car voulant se conduire à sa guise & renchérir sur le traitement de l'année précédente, elle fut d'abord obligée d'abandonner la boisson des Eaux, parcequ'elles ne passoient pas, fatiguoient l'estomac, donnoient des nausées & ôtoient l'appétit. Les bains, qu'elle voulut prendre trop chauds, l'agiterent à tel point, qu'elle perdit totalement le sommeil, & lui causerent une chaleur acre & mordante dans tout le corps, principalement à la région hypogastrique. Enfin, la douche, qu'elle se faisoit donner tous les jours avec assez de force, alluma la fiévre accompagnée de douleurs vives & lancinantes à sa tumeur. Etant à Aix, elle me consulta ; & après m'être bien informé du fait, je lui conseilla de cesser bien vîte tout usage des Eaux, & de partir au plûtôt pour suivre une méthode entièrement opposée, si elle ne vouloit pas être bientôt atteinte d'un cancer à la matrice.

Cette Observation, où la tumeur commençant à s'enflâmer, auroit sans doute passé à suppuration & dégénéré en cancer, suffit pour montrer avec quelle prudence il faut se comporter dans l'usage des Eaux, rélativement à ces sortes de cas ; qu'elles ne doivent être permises qu'après un mûr examen de l'état du malade, & qu'il convient d'être en garde sur le changement, souvent trop favorable, qu'elles procurent dès les premiers jours qu'on en use.

Les

LES Eaux Thermales d'Aix tiennent, ſans contredit, un des premiers rangs dans le traitement des affections vaporeuſes (*e*) : Cette maladie, ſi ſouvent rébelle aux remèdes les mieux adaptés, & qui tourmente ſi fort les Médécins & ceux qui en ſont atteints, réſiſte rarement à leur uſage. C'eſt dans ces Eaux que les hypocondriaques & les hyſtériques viennent noyer cette humeur noire, ces ſuffocations & ces ſyncopes, ce ſentiment extraordinaire de chaud & de froid, qui ſe ſuccéde quelquefois ſubitement ; cet abbatement & ce goût pour la ſolitude ; en un mot, tous ces autres ſymptômes, qu'il ſeroit trop long de narrer ici, & qui font de cette maladie un Protée, qui met ſouvent en défaut le Médécin le plus clair-voyant (*f*). En effet, outre les qualités & les vertus de l'eau commune, elles ont encore celles qui réſultent de la combinaiſon de ces principes minéraux préparés par les mains de la nature, & qui, portés par le moyen du véhicule aqueux dans les plus petits tuyaux du corps, délayent les humeurs, ſollicitent doucement les parties ſolides, évacuent les matières arrêtées ou ralenties ; & rétabliſſant le reſſort & le ton, procurent le calme à toute

(*e*) At ſi affectus his non cedat remediis, eundum eſt ad aquas ferreas ; etſi neque his, tum ad ſulphureas, quales ſunt *Bathonienſes*. *Sydenham*, de affect. hyſter. & hypochond. proceſſ. integ. in morb. omnibus curand.

(*f*) Dies me deficeret, ſi omnia quæ affectus hyſtericos gravant ſymptomata enumerare velim ; tam diverſâ atque ab invicem contrariâ ſpecie variantia, quam nec Proteus luſit unquam, nec coloratus ſpectatur chamæleon. *Sydenham*, Differt. Epiſt. de affect. hyſt. ad *G. Cole*, D. M.

la machine. Mais des Obſervations convaincront encore mieux de leur efficacité, que la théorie la plus ſolide & les raiſonnemens les plus ſpécieux.

OBSERVATION DIX-NEUVIEME.

Sur une Affection ſpaſmodique.

UNE femme âgée de 36 ans, d'un tempérament ſanguin, de beaucoup d'embonpoint, & ménant dépuis quelque tems une vie ſédentaire, fut attaquée de vertiges ſi violens, qu'il falloit à chaque inſtant qu'elle s'arrêtât; tous les objets lui paroiſſoient tourner; & lorſqu'elle vouloit en fixer un, il lui ſurvenoit une défaillance. Enfin, le mal augmentant, elle fut obligée de garder le lit. Je fus appellé; je lui trouvai le viſage d'un rouge foncé, le pouls extrèmement vif & irrégulier, & beaucoup de force dans les pulſations, une chaleur plus que naturelle, & un flux aſſez abondant d'urines pâles & limpides (g). Voyant que toute la machine étoit dans un ſpaſme qui me faiſoit appréhender une ſtaſe du ſang dans le cerveau, je fis faire tout de ſuite une ſaignée du pied, & preſcrivis pluſieurs lavemens émolliens, des fomentations

---

(g) Inter omnia vero quæ in hoc morbo comparent phœnomena, illud maximè proprium eſt, atque ab eo ferè inſeparabile, quod ſcilicèt ægræ urinam ſubindè reddant planè limpidam ad inſtar aquæ è rupibus ſcaturientis, idque ſatis copiosè; quod quidem ego ſigillatìm percontando, in omnibus ferè didici ſignum eſſe pathognomonicum eorum affectuum, quos in fœminis hyſtericos, in moribus hypocondriacos appellandos cenſemus. *Sydenham*, in Diſſert. Epiſt. ad *G. Cole*, D. M. de affect. hyſt.

de même nature sur les jambes & les pieds, avec une ample boisson de petit-lait. Tous ces remèdes parurent diminuer une partie des symptômes; l'écoulement d'urines dévint moindre, quoiqu'elle bût beaucoup; le pouls & la chaleur revinrent à leur état naturel: mais les étourdissemens étant presque toujours aussi forts, j'en vins à une saignée du bras, qui fut suivie le lendemain d'un doux minoratif, indiqué par la blancheur & la saleté de la langue, & le défaut d'appétit, dont se plaignoit dépuis quelque tems la malade, qui, d'ailleurs en santé, mangeoit beaucoup. Cette seconde saignée, le purgatif, un vessicatoire appliqué à la nuque, & plusieurs autres moyens, ne réussissant pas à ma fantaisie pour détruire ces étourdissemens, à la vérité un peu diminués, mais qui l'empéchoient cependant de vaquer à ses affaires; je lui conseillai d'aller boire les Eaux, tous les matins à la dose d'une livre en deux fois, & prendre en même tems un bain par jour, de trois quarts-d'heure (*h*). Elle partit; & après avoir suivi cette méthode pendant quatre à cinq jours, elle me fit dire que ses vertiges étoient moindres, qu'elle restoit debout pendant une partie de la journée, & que l'appétit revenoit peu à peu; je lui écrivis d'augmenter la dose de la boisson des Eaux, la durée des bains, & de se promener en se faisant aider par quelqu'un, si elle ne pouvoit pas le faire seule. Après vingt jours d'une exactitude étonnante

(*h*) Quoad usum *Aquarum Bathoniensium*, duobus diebus bibat eas, ac tertio die per modum balnei eas ingrediatur, atque ità alternatim per sex septimanas vel duos menses. *Sydenham*, Processs. integr. de morb. curand.

à ce traitement, elle revint sans le moindre ressentiment de vertiges, & jouissant de la meilleure santé.

OBSERVATION VINGTIEME.

Sur une Affection hypocondriaque.

UN homme de 30 ans, d'un tempérament bilieux; d'une complexion maigre, d'un caractère vif & bouillant, & qui aimoit beaucoup la société, eut un chagrin cuisant, causé par la mort d'un de ses plus intimes amis; cette perte fut un coup de foudre, & lui fit une telle impression, que dès l'instant il quitta toute espèce de compagnie, pour se livrer à des réflexions tristes & sombres (*i*); il en vint même jusqu'à refuser la nourriture, malgré les raisons consolantes que s'efforçoient de lui inculquer ceux qui s'intéressoient à sa conservation. Il ne tarda guéres à s'appercevoir du dérangement de sa santé, qui, jusqu'alors, n'avoit jamais souffert la moindre atteinte; des palpitations fortes, & souvent suivies de la perte de sentiment, des suffocations asthmatiques, qui leur succédoient, des douleurs errantes, tantôt dans les bras & le col, tantôt dans les cuisses & les jambes, & de plus, un dégoût pour toute sorte d'alimens; tel étoit l'état où je trouvai le malade lorsqu'il me fit appeller. D'après le détail de ce qui avoit précédé, la cause de

---

(*i*) Causæ autem hujus morbi procatarticæ seu externæ, vel sunt vehementiores corporis motus, vel etiam multò sæpiùs violenta quædam animi commotio, à repentino aliquo sive iræ, sive doloris, sive etiam timoris & similium pathematum insultu. *Sydenham*, in Dissert. Epist. ad *G. Cole*, D. M. de affect. hyst.

de tous ces ſymptômes me parut être la délicateſſe & la grande ſenſibilité des vaiſſeaux & des nerfs qui vont au cœur, au diaphragme & aux poûmons, occaſionnées par la violente ſécouſſe qu'ils avoient reçus de cette affection de l'ame. Pour diminuer au plûtôt ces violens accès d'aſthme & de palpitation, *urgentiori ſuccurrendum*, j'ordonnai une potion cordiale & narcotique, avec l'eau de menthe, le laudanum liquide, l'eſprit volatil huileux, & le ſyrop d'écorce d'oranges, de laquelle il prenoit une cuillerée chaque demiheure : Elle calma d'abord les ſuffocations; & les palpitations ne reparurent plus avec autant de force. Deux heures environ après que le malade eut commencé d'uſer de cette mixture, il lui ſurvint une douce moiteur, & il dormit près de quatre à cinq heures : Le lendemain je le purgeai avec un doux minoratif, pour le préparer aux Eaux d'Aix, que je lui avois déja propoſé. Il refuſa d'abord avec opiniâtreté, & la purgation & l'uſage des Eaux; mais l'ayant inſénſiblement ramené à la raiſon, & s'appercevant d'ailleurs qu'il ſe trouvoit mieux, il céda à mes inſtances & à celles des aſſiſtans. Le traitement que je preſcrivis, fut d'uſer tous les matins à jeûn, d'un bol de trente grains de kinkina en poudre fine, huit grains de limaille de fer, liés avec la conſerve d'aunée, en bûvant par deſſus deux verres d'Eau de ſouffre; de prendre, avant le ſouper, un bain d'une heure; de faire beaucoup d'exercice le matin en prenant ſon bol & ſes Eaux, & de ſe diſſiper en fréquentant la bonne compagnie. Le malade, au lieu de demeurer quinze jours, comme nous en étions convenus, s'y trouva ſi bien, qu'il continua les rémèdes pendant un mois & demi,

& laissa à Aix cette chaîne de maux bizarres qu'il y avoit porté.

ARTICLE II.

Des Maladies où les Eaux d'Aix sont salutaires, prises intérieurement.

SI les Eaux Sulfureuses d'Aix, appliquées à l'extérieur dans une infinité de cas, exigent des connoissances de la part du Médécin; à plus forte raison doivent-elles en exiger, soit de la part du remède, soit de celle des autres parties de la Médécine, quand il s'agira de les faire prendre intérieurement (*k*). On peut encore cesser tout de suite l'usage d'un remède externe, administré mal-à-propos; ou parer aux inconvéniens qu'il a causés; mais il n'est pas aussi aisé de le faire pour un remède interne pris à contre-tems: dès qu'il est une fois parvenu à l'estomac, son effet physique ne dépend plus, pour ainsi dire, de nous; il faut nécessairement que de son action & de celle des forces vitales combinées, il en naisse tel ou tel mouvement, qui, souvent contre les vûës du Médécin, dévient nuisible au malade: Le Praticien, toujours de bonne-foi, le donne bien dans une telle intention; mais si cette intention étoit constamment remplie, aucune maladie ne résisteroit au remède; elles se-

(*k*) In animi etiam notione medicamenta reponantur, quæ ad morborum curationem pertinent, eorumque modi, quot & quomodo in singulis se habeant. Hoc enim in re Medicâ, principium, medium & finem obtinet. *Hypp.* Lib. de decenti habitu.

roient toutes emportées dans l'instant (*l*). Il convient donc, lorsqu'on prescrit ces Eaux en boisson dans les différens cas où elles sont appropriées, de savoir quels sont les forces & l'état de l'estomac? Quelle est la dose qu'il en peut supporter? Comment les principes minéraux, qu'elles charient, se combineront avec les sucs digestifs? Quel changement ils apporteront à la bile naturelle & à celle qui sera dépravée? En un mot, il faut au moins que celui qui les conseille, puisse pronostiquer à peu-prés l'effet qu'elles doivent produire. Enfin, il convient encore de ne pas ignorer, si on peut les donner pures ou mélangées, & quelles sont les substances, soit alimenteuses, soit médicinales, qu'on peut leur associer, sans crainte de faire des compositions monstrueuses, aussi nuisibles que dégoûtantes (*m*).

Il est superflus de rappeller ici comment on doit boire les Eaux, à quelle dose, & les précautions qu'il faut observer dans leur boisson; on consultera à cet égard l'Article où est ci-devant détaillée la méthode qu'on doit suivre dans leur usage. Il s'agit seulement d'indiquer les maladies principales dans lesquelles ces Eaux, prises à l'intérieur, seules ou avec quelques

---

(*l*) Ars verò Medica, & nùnc, & paulò post, non idem facit, & sibi contraria facit, eaque sibi ipsis contraria. *Hyp.* Lib. de loc. in homine, Sect. IV.

(*m*) Il y a des Malades qui viennent boire les Eaux, auxquelles, par l'ordonnance de leurs Médécins, ils mêlent des poudres, ou autres médicamens, qui forment une boisson épaisse très-désagréable aux yeux, plus encore, je crois, au palais.

additions, ont coutume de produire des effets salutaires.

ELLES sont très-efficaces dans plusieurs vices de l'estomac, surtout dans ceux qui diminuent ou ôtent même l'appétit, & dont la cause reconnoît une saburre accescente, ou une acidité contre nature dans les sucs gastriques : Elles rendent encore à ce viscère son énergie, quand ses tuniques ont été, comme chez les crapuleux, pour ainsi dire, racornies par la grande quantité de vins & de liqueurs spiritueuses; elles lui rendent alors le dégré de force dont il a besoin pour faire ses fonctions. Ces Eaux ont été quelquefois utiles dans la jaunisse, pourvû cependant qu'il n'y ait pas de fiévre, & que cette maladie ne dépende que d'un épaississement & du peu d'énergie de la bile, qui font l'un & l'autre qu'elle coule difficilement dans ses vaisseaux. Je conseille pour l'ordinaire aux malades, dans ce dernier cas, d'en boire une livre & demi par jour en trois fois, en ajoutant à chaque verrée, demi-dragme de *sel de duobus*, ou pareille dose de crème de tartre : ces sels dissouts & portés dans les plus petits tuyaux de la machine, rendent alors ces Eaux beaucoup plus apéritives, & leur donnent la facilité de détruire tous les engorgemens qui se rencontrent dans les couloirs biliaires.

OBSERVATION VINGT-UNIEME.

D'un Vomissement de matières aigres, avec perte d'appétit.

UN jeune homme de 25 ans, d'une constitution vigoureuse, défia ses camarades, dans une partie de débauche, à boire autant de vin de Montmeillant que lui (*n*) : Il but effectivement beaucoup ; mais il gagna & la gageure, & la maladie pour laquelle je fus consulté ; car il perdit dès-lors tout appétit : & sitôt qu'il vouloit prendre la plus légère nourriture, un vomissement de matières aigres succédoit ; des douleurs vives se faisoient sentir plusieurs fois dans le jour au scrobicule du cœur, & elles ne s'appaisoient que par un flux abondant de salive aqueuse & extrèmement salée, qui lui remplissoit la bouche ; le *soda* ou *fer-chaud* le tourmentoit jour & nuit ; & mon débauché maigrissoit à vûë d'œil & craignoit de tomber dans un état de langueur qui le conduisît insensiblement au tombeau. Un vomitif en lavage, & pris à petite dose, fut d'abord ce que je crus de mieux indiqué : Il rendit par le haut une prodigieuse quantité de cette salive, mêlée d'une bile poracée, dont l'odeur acide se faisoit aisément appercevoir ; cette évacuation le soulagea sensiblement : Le lendemain un bol de rhubarbe avec le syrop de chicorée composé, lui fit faire cinq à six selles de matières à peu-près semblables à celles qu'il avoit vomi ; & pendant les jours suivans, il usa d'un électuaire fait avec l'écorce du Pérou, la magnésie blanche, le cachou & le syrop d'écorce d'orange. Ce remède calma les douleurs, & diminua cette abondance de salive ; il paroissoit avoir

(*n*) Ce Vin est, à juste titre, le meilleur au goût & le plus renommé de tous ceux de la Savoye ; mais il n'est pas le plus sain, quand on en use habituellement : il est sec & spiritueux, porte d'abord à la tête, cause de l'ardeur & du feu dans le gosier, & affecte singulièrement les nerfs : il fait cependant le délice de nos tables, & plaît infiniment aux Etrangers, qui l'appellent *le Bourgogne du Pays*.

un peu plus de goût pour les alimens; mais les autres symptômes subsistoient presque toujours au même dégré. Enfin, après dix ou douze jours, je l'engageai d'aller boire les Eaux moins sulfureuses d'Aix (o), appellées improprement, Eaux d'Alun, en commençant par trois verrées chaque matin, & augmentant insensiblement d'un verre chaque fois, jusqu'à la dose de deux bouteilles, à mésure qu'elles passeroient bien, & que son mal diminueroit. Il n'eut pas bû les Eaux pendant deux jours, que le vomissement cessa presqu'entièrement; l'appétit revint; mais il n'osoit pas s'y livrer; les douleurs s'appaiserent, ainsi que ce flux de salive aqueuse & salée. Enfin, dans le moins de douze jours, il prit de l'embonpoint, se trouva parfaitement rétabli, & promit de ne plus jouer à un jeu où il avoit été si heureux & si malheureux tout-à-la-fois.

OBSERVATION VINGT-DEUXIEME.

D'une Jaunisse.

UN Procureur âgé de près de 45 ans, d'un tempérament bilieux, qui avoit toujours joui d'une bonne santé, souffroit d'une pésanteur sourde & douloureuse dans l'hypocondre droit, qui se faisoit sentir tous les jours environ trois heures après le repas. Cet homme, robuste d'ailleurs, supporta cette incom-

(o) Je conseillai préférablement les Eaux de la Source supérieure, parcequ'elles contiennent beaucoup plus de terre absorbante, que celles de l'autre Source; & conséquemment je pense qu'elles sont bien plus efficaces, dans ces sortes de cas, que celles de la Source inférieure.

modité, pendant quelque tems, sans se plaindre, espérant toujours qu'elle se dissiperoit. Me rencontrant un jour en ruë, il me parla de son mal; & sans l'approfondir, je me contentai de lui dire qu'il falloit se purger, & ne pas se mettre au travail d'abord après le dîner. Je ne sais s'il exécuta mon ordonnance, ou non; mais quinze jours s'étant passés, il fut étonné un matin de se réveiller avec une légère teinte jaunâtre dans toute l'habitude du corps, & surtout dans les yeux: cette couleur augmenta au point qu'il n'osoit plus sortir. Il me fit demander, me raconta ce qui lui étoit arrivé, & me dit que dépuis que sa peau avoit commencé à jaunir, il ne ressentoit plus cette pésanteur dont il m'avoit parlé un mois auparavant; mais qu'il avoit, en échange, un dégoût général pour tous les alimens & boissons, hormis celle du vinaigre, qui seule lui faisoit plaisir; un ennui & des lassitudes excessives, des gonflemens dans le bas-ventre, des urines & des sueurs qui teignoient son linge en jaune; le tout étoit cependant sans fiévre. Dès le lendemain je le purgeai avec la manne, la rhubarbe & le sel de Glauber, & le mis à l'usage du petit-lait, dans lequel on écrasoit un certain nombre de cloportes; je lui recommandai en même tems l'équitation tous les matins, pour aider le passage du petit-lait, & faire couler la bile. Ces remèdes, continués pendant quelque tems, n'ayant pas eû tout le succès attendu, je lui suggérai la boisson des Eaux de la Source d'en-haut, à la dose de deux livres en quatre verres, d'ajouter à chacun vingt grains de sel *de duobus*, & de se promener beaucoup en les bûvant. Ces Eaux ne tarderent pas à opérer un bon effet; elles lui firent rendre une quantité prodigieuse d'urines, qui dévenoient chaque jour moins colorées; son tein, au bout de huit jours, se trouva presque naturel; le dégoût & tous les autres symptômes s'évanouirent insensiblement, & la santé reparut aussi ferme qu'auparavant.

IL n'est pas étonnant que ce double usage des Eaux; c'est-à-dire, en bains & boisson, réussissent admirablement dans les maladies de la peau, principalement celles appellées de préférence, Eaux de Souffre; on sait que ce minéral est presque regardé comme le spécifique des affections cutanées (*p*); il est porté, par la boisson, jusques dans les plus petits vaisseaux; & poussant ainsi du centre à la circonférence, il chasse, par la transpiration, l'humeur morbifique qui croupit dans les pôres de la peau. Ces Eaux ont encore été souvent utiles dans certaines maladies de la vessie, & surtout dans la colique néphrétique, lorsqu'elle est occasionnée par des glaires qui embarrassent la sécrétion & le libre cours de l'urine (*q*).

OBSERVATION VINGT-TROISIEME.

Sur des Douleurs néphrétiques.

UNE paysanne des environs d'Aix, d'un tempérament phlegmatique, fut atteinte, environ une année après avoir perdu ses règles, de quelques dou-

---

(*p*) Voyez le Précis de la Matière médicale de Mr. *Lieutaud*, Médécin des Enfans de France, tom. 2 de la dern. Edit.

(*q*) Thermæ vires possident resolventes, aperitivas, roborantes & purificantes. *Carthenser fund. mater. medic. cap. 2. de aquis medicat. miner.*

leurs ſourdes dans la région des lombes ; elle crut d'abord que ces douleurs étoient occaſionnées par le chaud & le froid, & gagnées aux travaux de la campagne : Cependant l'augmentation du mal, accompagnée de difficulté d'uriner & d'une péſanteur dans la cuiſſe gauche, qu'elle éprouvoit par intervalle ; & obſervant d'ailleurs qu'elle n'urinoit pas comme à ſon ordinaire ; tous ces ſymptômes l'engagerent à demander conſeil : elle vint à moi par hazard ; & m'ayant expliqué ſes ſouffrances, autant que le peut une femme des champs, j'exigeai qu'elle piſsât dans un pot-de-chambre, & qu'elle mît de ſon urine dans un verre, afin que je puſſe l'examiner. La malade, peu accoutumée de rendre ſes urines dans un vaſe, ſe prit à rire, me regarda comme un fou, & crut que je me moquois d'elle. Je fis tout mon poſſible pour la perſuader, & je n'eus pas une petite peine à l'y faire conſentir. Enfin, lui ayant fait remarquer dans ſes urines, à ſon grand étonnement, des glaires épaiſſes & viſqueuſes, comme du blanc d'œuf, dépoſées au fond du verre, & qui le rempliſſoient à moitié, je lui dis que le remède étoit tout proche de chez elle ; qu'il s'agiſſoit de ſe baigner, pendant quinze jours, dans le baſſin des Eaux de Souffre, & boire tous les matins à jeûn, une bouteille ou une. bouteille & demi des mêmes Eaux ; & qu'après avoir achevé l'uſage des Eaux, il falloit, quand elle ſeroit chez elle, pour empécher le retour du mal, prendre, pendant quelque tems, du ſavon de la groſſeur d'une noix, qu'elle feroit diſſoudre dans un grand verre d'eau, où elle auroit fait bouillir une bonne pincée de feuilles de pariétaire. Cette femme, que j'avois dès-lors totalement perdu de vûë, trois mois aprés, vint m'apporter, par réconnoissance, une douzaine d'œufs, en m'assurant que les Eaux l'avoient absolument guérie, & qu'elle n'avoit même usé que deux ou trois fois de ma savonnade. (C'est ainsi qu'elle s'expliqua.)

OBSERVATION VINGT-QUATRIEME.

Sur une Affection de la vessie urinaire.

UN Militaire âgé de 72 ans, portoit dépuis long tems une maladie à la vessie, que les Médécins & Chirurgiens consultés, avoient caractérisée d'affection morveuse. Après plusieurs différens remèdes, desquels il n'avoit pas reçu beaucoup de soulagement, vû son grand âge & l'ancienneté du mal, on proposa la boisson des Eaux de Souffre à petites doses, & des injections dans la vessie avec les mêmes Eaux. Cet usage, continué pendant un certain tems, diminua effectivement ses douleurs, & lui faisoit rendre avec les urines, & beaucoup plus aisément qu'auparavant, des matières parfaitement semblables à la morve : il ne fut pas guéri, à la vérité; mais du moins il vécut encore environ un an dans cet état de calme, qu'on peut regarder ici comme une guérison. A la fin la fiévre lente & la marasme s'étant mis de la partie, terminerent ses maux & ses jours.

OBSERVATION VINGT-CINQUIEME.

D'une Affection cutanée.

LE fils du Sr. *Borson* de S. Pierre d'Albigny, âgé de 11 ans, d'une constitution maigre & fluette, souffroit, dépuis près d'un an, des vives démangeaiſons dans toute l'habitude du corps, qui l'obligeoient à ſe grater à chaque inſtant, au point de ſe déchirer la peau, ſans cependant qu'il parût à ſa ſurface ni boutons, ni éruptions dartreuſes, ni aucun ſuintement de ſéroſité. A tout cela ſuccédoient des douleurs cuiſantes, & la peau s'en alloit en écailles farineuſes. Ayant été demandé pour voir un malade dans cet endroit, le père m'amena ſon fils pour l'examiner; je m'informai ſurtout s'il tranſpiroit facilement? Et l'enfant me répondit, qu'il ne ſuoit jamais, quoiqu'il eût beau courir & ſe fatiguer. L'acreté & l'épaiſſiſſement de l'inſenſible tranſpiration me ſemblerent être la ſeule cauſe de cette maladie : il falloit par conſéquent adoucir, atténuer & procurer une iſſuë à cette humeur. Les Eaux de Souffre, d'ailleurs diaphorétiques, me paroiſſant propres à remplir ces indications, je les lui conſeillai en boiſſon, coupées avec un tiers de lait le matin, & en même tems de prendre le ſoir un bain, une heure avant le ſouper; lui défendant en outre tous les alimens qui pourroient augmenter le vice que je ſoupçonnois. Après avoir uſé de ces remèdes & obſervé le régime preſcrit, pendant dix-huit ou vingt jours, le jeune homme n'eut pas le plus petit prurit; il reprit le ſommeil, dont il ne pouvoit jouir auparavant, à cauſe des fréquentes démangeaiſons; ſa peau dévint ſouple & moite, & l'embonpoint qu'il acquéroit chaque jour, annonça ſa parfaite guériſon.

OBSERVATION VINGT-SIXIEME.

D'une Gale.

UN de mes amis, âgé d'environ 40 ans, ayant couché avec un galeux, ne s'apperçut pas d'avoir gagné cette maladie incommode, qui se déclara au bout de quatre jours. Comme je le fréquentois souvent, & que je le voyois continuellement se grater, je lui dis, que je soupçonnois très-fort qu'il eût attrapé la gale : mais s'imaginant que ce n'étoit que des échauboulures, nous en vinmes à l'examen, & je le lui confirmai. Ennuyé, & voulant se défaire au plûtôt d'un mal qui l'obligeoit à se séquestrer de la société, parcequ'il suppose toujours de la malpropreté; je le fis aussitôt saigner & purger, pour l'envoyer promptement boire les Eaux de Souffre, s'y baigner pendant quelques jours, & à son retour le faire frotter avec une pommade, si les Eaux ne le guérissoient pas : Mais dès qu'il eut bû les Eaux environ quinze jours, & pris autant de bains, les démangeaisons & les vives cuissons cesserent, les boutons de gale disparurent entièrement; il reprit une peau nouvelle, & n'eut plus bésoin d'aucune onction, ni d'autre remède pour cette maladie.

ENFIN, l'usage intérieur des Eaux d'Aix est particulièrement consacré dans plusieurs maladies de poitrine, surtout pour les personnes qui l'ont naturellement délicate ou délabrée par des rhumes

fréquens

fréquens (*r*). Quelquefois on les boit pures, & ſouvent on les coupe avec partie égale ; ou avec un tiers de lait de chévre ou de vache ; elles ont, ainſi mélangées, des ſuccès ſurprenans dans l'aſthme ſec & nerveux (*s*), & dans les tempéramens diſpoſés à la phtyſie : elles ſont expectorantes, fondent doucement l'humeur des bronches épaiſſies, & réuſſiſſent par conſéquent ſouvent dans les tubercules lymphatiques du poumon, ſurtout celles appellées *Eaux de Souffre*. C'eſt ſans contredit à la vertu inciſive & ſavonneuſe du foie de ſouffre qu'elles contiennent, qu'eſt dûë leur propriété béchique ; auſſi voit-on rarement les habitans d'Aix dévenir aſthmatiques, & très-peu mourir de phtyſie pulmonaire ; ils ont d'abord recours à la boiſſon de ces Eaux pour le plus petit rhume, & à la moindre affection de poitrine : cette pratique ne peut, ſans doute, être fondée que ſur des obſervations répétées, & d'après une expérience conſtante & très-ancienne parmi eux.

On ne peut s'appercevoir du bon effet que produiſent ces Eaux dans tous ces différens cas, qu'après

(*r*) Les Eaux minérales ſulfureuſes, telles que celles de Cauterets & Barèges, qui ont beaucoup de rapport avec les nôtres, ſont une découverte moderne contre les maladies de la poitrine : *Mr. Vénel, Profeſſeur de Médécine à Montpellier*, a obſervé dans pluſieurs circonſtances, qu'étant enrhumé, ces Eaux lui enlevoient ſon rhume dans une matinée. *Matière Médicale, extraite du Traité des Médicamens de Mr. de Tournefort, & des Leçons de Mr. Ferrein, Doct. Rég. de Paris.*

(*s*) On a remarqué que les Chevaux atteints de la *Pouſſe*, maladie qui n'eſt autre choſe que l'aſthme de ces animaux, reçoivent beaucoup de ſoulagement par la boiſſon de ces Eaux, dont ils s'abreuvent, en les préférant par une ſorte d'inſtinct, à toutes les autres.

en avoir usé pendant un certain tems ; elles doivent, avant d'arriver aux poûmons, subir la loi de la digestion, & circuler avec la masse des humeurs ; cette voie par conséquent longue, est la raison pour laquelle les maladies de poitrine sont si rébelles & si difficiles à guérir ; il faut des remèdes longtems continués, pour que leurs parties actives puissent s'appliquer en certaine quantité sur le lieu affecté, & corriger le vice que l'on veut détruire. Ceux qui boivent les Eaux de Souffre pour des maux de poitrine, peuvent aussi, s'il n'y a point de contr'indication, prendre les bains en même tems ; c'est encore un moyen d'introduire dans leur corps une plus grande quantité de parties médicamenteuses. Au reste, c'est au Médécin d'examiner alors, si ce double usage des Eaux convient à la nature de la maladie, ou s'il lui est contraire & nuisible.

OBSERVATION VINGT-SEPTIEME.

Sur une Toux séche.

UN Bourgeois avec qui je suis étroitement lié, âgé environ de 45 ans, d'un tempérament sec & assez robuste, étoit atteint, dépuis très-longtems, d'une toux séche & très-incommode, de laquelle, malgré mes pressantes & réitérées sollicitations, il faisoit peu de cas ; je l'avois plusieurs fois averti d'y faire attention, & de prendre quelques remèdes, sans quoi elle déviendroit sérieuse, & pourroit, dans un tems, n'être plus susceptible de guérison. Enfin, négligeant toujours mes avis, & se donnant d'ailleurs beaucoup de peine à l'agriculture, pour laquelle il a un goût décidé ; sa toux augmenta au point qu'il fut obligé d'abandonner les champs & leur culture, & de venir chercher un prompt ſoulagement à ſon mal. Je l'intimidai ſur ſon état, & l'engageai vivement d'aller prendre les bains & boire les Eaux d'Aix coupées avec le lait: Il partit, prit ſeulement quatre ou cinq bains, & but les Eaux ſuivant nos conventions; mais ſa toux ayant d'abord conſidérablement diminué, & le tems lui paroiſſant déja trés-long, il revint au bout de huit jours, touſſant peu, & très-ſatisfait de ſon meilleur état. Je ne doute cependant pas, que s'il avoit eû la patience d'y reſter plus longtems, les Eaux n'euſſent totalement emporté cette toux, dont il ſe reſſent encore quelquefois.

OBSERVATION VINGT-HUITIEME.

Sur des Douleurs à la poitrine, accompagnées d'une toux fréquente.

UN Réligieux de l'Ordre de S. Dominique, âgé de 38 ans, d'un tempérament ſanguin, & d'une conſtitution vive & délicate, me conſulta ſur des tiraillemens & des douleurs ſourdes dans la poitrine, accompagnées d'une toux fréquente & fatigante, avec difficulté de reſpirer. Ces douleurs, qui étoient aſſez fixes, ſe faiſoient ſentir ſous les vraies côtes, & dans le dos, à la pointe inférieure de l'omoplate; les jouës du malade étoient ſouvent colorées d'un rouge vif, ſurtout lorſque l'irritation continuelle de la toux, & l'opreſſion qui s'enſuivoit, avoient tellement fatigué les poûmons, que le ſang ne pouvoit plus revenir librement de la tête. D'après l'examen du malade, les cauſes me parurent aſſez fortes pour appréhender un crachement de ſang ; & ſoupçonnant d'ailleurs une acrimonie dans les humeurs, je conſeillai les bains & les Eaux en boiſſon, coupées avec un tiers de lait de vache : Mais avant de partir je le fis ſaigner au bras, enſuite purger, & règlai le régime qu'il devoit ſuivre pendant leur uſage. Dès qu'il eut pris quelques bains, & bû les Eaux coupées pendant quelques jours, ſa toux diminua conſidérablement ; les douleurs dévinrent à peine ſenſibles ; l'appétit & le ſommeil revinrent ; les laſſitudes dans les jambes, dont il ſe plaignoit ſurtout beaucoup, diſparurent ; & au bout d'un mois ſa ſanté fut aſſez bien rétablie. Cependant, pour empécher le retour du mal, je lui ai dépuis lors expreſſément défendu de prêcher & de chanter à haute-voix, & conſeillé de continuer tous les printems l'uſage du lait, mêlé en place des Eaux, avec une infuſion béchique, dont il s'eſt dès-lors très-bien trouvé.

OBSERVATION VINGT-NEUVIEME.

Sur des Tubercules au poûmon.

UNE Demoiſelle de 24 ans, d'un tempérament aſſez ſanguin, mais délicat, d'un caractère vif & pétulant, née d'un père mort d'une maladie de poitrine, ménant une vie très-ſédentaire, & ſe nourriſſant ſurtout beaucoup d'alimens qui fourniſſoient un chyle épais & groſſier, s'apperçut d'une diminution ſenſible de ſes règles, & en même tems d'une petite toux ſéche, avec une difficulté dans la reſpiration, qui augmentoit au plus léger mouvement (*t*). Jouissant d'ailleurs d'une bonne santé, elle faisoit peu d'attention à tous ces petits maux, dont elle ne prévoyoit pas les conséquences; cependant au bout de six mois le flux périodique dévenant encore moindre, la toux plus opiniâtre, & la respiration plus laborieuse, particulièrement quand elle avoit beaucoup parlé; elle s'en plaignit à sa mère, qui, n'ignorant pas la maladie de son époux, & craignant le même sort pour sa fille, me pria de la voir (*u*). En effet, je lui trouvai une toux fréquente, qui augmentoit assez sensiblement après le repas; elle crachoit avec peine des matières gluantes, épaisses, & en petite quantité, malgré la fréquence de la toux : elle éprouvoit le soir une séchéresse au gosier, & une petite chaleur dans la paume des mains; son pouls étoit alors inégal & accéléré : elle dormoit encore, quoique la toux la réveillât par intervalle; & le matin se trouvant mieux, les autres fonctions s'exécutoient assez bien. D'après tous ces symptômes, & ce qui avoit précédé, je soupçonnai des tubercules naissans dans les vaisseaux capillaires lymphatiques du poûmon, & qui, par leur compression, empéchoient aux vésicules aëriennes de recevoir la même quantité d'air qu'auparavant. Je fis entrevoir à la mère, qu'on ne devoit pas perdre têms pour déraciner une maladie qui auroit des suites

(*t*) Inter causas procatarticas quæ phtysi pulmonari primam ansam præbent, primum locum tenet suppressio solitarum evacuationum, veluti menstruarum purgationum. *Morton, oper. med. tom.* I. *cap.* I. *de causis phtyseos.*

(*u*) Phtysis hæreditaria, ut plurimùm lethalis est, quia causa, quæ eam producit, extrà artis sphæram posita est. *Mort. de progn. phtys. cap.* 6. *tom.* I.

fâcheuſes, & qu'en conſéquence il falloit faire une ſaignée à ſa fille, & enſuite la purger, pour l'envoyer boire les Eaux de Souffre. Ces remèdes préparatoires appaiſerent déja un peu les ſymptômes; mais après qu'elle eut bû les Eaux pendant quinze jours, bien loin de diminuer, ils augmenterent beaucoup. Effrayée & croyant que les Eaux ne lui convenoient point, elle ceſſa d'en prendre, & vouloit partir : mais un Médécin, qui ſe trouva ſur l'endroit, ayant été conſulté, conſeilla une ſeconde ſaignée, & la continuation des Eaux pendant quelque tems. En effet, cette dernière ſaignée rabbatant la fougue & la raréfaction du ſang, cauſée par les premiers verres d'Eau dans une jeune perſonne, d'un tempérament d'ailleurs vif & ſanguin, facilita dès-lors leur paſſage & leur action, qui, au bout d'un mois & demi, emporterent radicalement la toux & tous les autres ſymptômes, & rétablirent parfaitement ſa ſanté, ainſi que le cours périodique de l'évacuation menſtruelle; enſorte qu'avec le régime de vivre que je lui preſcrivis, bien différent de celui qu'elle ſuivoit cidevant, elle a pour toujours écarté la funeſte maladie dont elle étoit ménacée (x).

(x) In principio verò, dum pulmones inferciri tantùm contingit, imò in ſecundo morbi hujus gradu, ubi tubercula ex longâ infarctione, jam ſuccreverunt; dumque cruda & in inflammationem atque ulcerationem minùs prona manent, phtyſis curationem æquè ac cæteri morbi, admittit. *Morton, loco jam antea citato.*

OBSERVATION TRENTIEME.

D'un Asthme sec périodique.

UN Militaire âgé d'environ 40 ans, d'un tempérament bilieux, d'une constitution forte & vigoureuse, quoique maigre & sec, aimant assez les vins fumeux, & surtout les liqueurs spiritueuses à l'eau-de-vie, eut, après une débauche dans ce genre, un accès d'asthme, dans lequel il faillit à suffoquer: le Chirurgien, qui fut d'abord appellé, le saigna copieusement, & il fut soulagé. Il lui resta de cette première attaque une toux continuelle, sans aucune expectoration, à laquelle se joignirent la difficulté de respirer, & une chaleur brûlante dans la poitrine. Il prit, de son ordonnance, quelque boisson adoucissante, qui, paroissant calmer son mal, lui fit croire qu'il étoit guéri: mais ayant continué son train de vie & l'usage des liqueurs ardentes, il survint un second accès, pour lequel le même Chirurgien employa le même remède, qui fut suivi du même succès. Pendant près d'un an & demi, le malade eut constamment chaque mois, & souvent deux fois dans le mois, des retours asthmatiques, qui dévenoient plus longs & plus violens, & qui lui laissoient un resserrement de poitrine, avec une oppression, qui ne lui permettoient presque plus de vaquer à ses affaires: à chaque paroxisme il avoit toujours recours à la saignée, parceque n'ayant encore, jusques-là, employé aucun autre remède, elle lui avoit toujours été salutaire pour le moment. Enfin, une attaque plus forte que les précédentes l'ayant saisi tout-à-coup, il se crut perdu, & me fit demander: Je trouvai mon homme horizontalement étendu dans son lit, qui ne pouvoit plus parler, tant étoit forte l'oppression; le visage, surtout les yeux, étoient d'un rouge violet, & les veines extraordinairement gonflées; le pouls étoit serré, & avoit des palpitations fréquentes; on entendoit un sifflement si grand dans la poitrine, que je crus que le malade expireroit avant l'arrivée du Chirurgien. Je fis, en attendant, d'abord ouvrir toutes les fenêtres & les portes, & mettre le malade dans une situation où le tronc puisse être droit, & il fut saigné à l'instant. A mésure que le sang sortoit, la respiration, qui n'étoit déja plus autant laborieuse par l'accès de l'air extérieur, dévenoit de plus en plus aisée, & la parole revint. Cette saignée n'ayant cependant pas eû tout l'effet attendu, j'en fis répéter une autre le soir; il survint un peu de moiteur; le malade dormit, & le lendemain il se trouva très-bien (y). Connoissant d'ailleurs son genre de vie, je le purgeai tout de suite, & le disposai, vû l'ancienneté du mal, à aller prendre les Eaux de Souffre (z): Il répugnoit ce remède, parcequ'il étoit aqueux; mais lui ayant peint tout le danger qu'il couroit, soit par la nature de la maladie, soit par les fréquentes rechûtes & les abondantes saignées qu'on étoit obligé de lui faire, il se rendit à mon conseil & partit. La boisson des Eaux pendant

(y) Voyez le Manuel des pulmoniques, par *Mr. de Roziere de la Chassagne*, Doct. en Médéc. de la Faculté de Montpellier.

(z) Je me déterminai encore avec plus d'assurance pour ce remède, d'après le sentiment du célèbre Mr. *Tissot*, qui dans son Avis au Peuple, conseille les Eaux minérales chaudes, comme un sécours très-utile pour prévenir ou retarder les accès de cette maladie.

environ deux mois, accompagnée d'un régime de vivre totalement contraire à l'ancien, retarderent effectivement si bien les accès de son mal, qu'il n'en ressentit aucun pendant près d'un an : il en eut, après ce terme, une légère attaque, qui se dissipa d'abord par le repos & un peu de boisson adoucissante ; & dès-lors usant, par précaution, toutes les années des mêmes Eaux & du même régime, il est parvenu à se guérir d'une maladie terrible pour le moment, & quant à ses suites.

J'AUROIS encore pû ajouter ici plusieurs Observations de différens autres cas particuliers, où les Eaux d'Aix ont opéré avec une merveilleuse efficacité; mais outre qu'elles me paroîtroient inutiles, je craindrois d'ailleurs qu'elles ne fussent suspectes, ou qu'on ne les crût imaginées dans le Cabinet : car enfin prétendre en faire un remède universel, me paroîtroit un enthousiasme déplacé. Mon premier but, en rapportant ces Observations, a d'abord été le bien de l'humanité ; & le second, celui de démontrer les excellentes propriétés de ces Eaux, & qui leur ont, à juste titre, mérité le dégré de réputation (*a*) qu'elles possédent depuis si longtems.

(*a*) Un Médécin de grande renommée avoit, dans un tems, je ne sais pourquoi, tellement mis en discrédit ces Eaux, que pendant les deux ou trois dernièrès années qu'il a fait sa résidence aux environs de la Savoye, on n'y voyoit plus venir aucun malade ; mais depuis qu'il est allé habiter un autre climat, il n'a plus eû aucune influence sur le nôtre ; nos Eaux ont heureusement repris leurs anciennes vertus ; les malades reviennent avec affluence, qui plus est, s'en retournent guéris, & continuent à vanter les bons effets qu'elles produisent chaque jour.

ARTICLE III.

Des Cas & des Circonstances où les Eaux sont nuisibles & dangéreuses, soit qu'on les prenne à l'interieur, soit à l'extérieur.

ON a fait voir jusqu'ici les maladies dans lesquelles les Eaux, appliquées extérieurement & intérieurement, sont salutaires, & ont eû des succès peu douteux; il s'agit maintenant d'indiquer les cas où, prises de la même façon, elles seroient nuisibles & dangéreuses. En effet, il est certain que les Eaux minérales ont dans leur usage, de même que les autres remèdes, un terme au-delà duquel la prudence ne permet pas d'aller: l'*opium* & le *quinquina* ont le leur: si on les combine mal; si on les donne à trop forte dose & hors de propos, ils produiront toujours des maux auxquels il sera quelquefois difficile de remédier. Or, l'abus des Eaux Thermales, leur mauvaise administration, tant dans les cas où elles conviennent, que dans ceux où elles ne conviennent pas, peuvent donc aussi avoir des suites qui, quoiqu'indépendantes du remède en lui-même, feroient néanmoins naître des doutes, des craintes & de la prévention contre lui; car il entre souvent, quoiqu'on en dise, un peu de charlatanerie dans bien de guérisons, que des gens intéressés, & même quelques Médécins, (puisqu'il faut tout dire) attribuent aux Eaux minérales quelconques. Il est donc essentiel, pour marcher d'un pas assuré, de ne s'adresser qu'à ceux qui ont une sûre & vraie connoissance de ces Eaux, ainsi que des maladies auxquelles on peut les employer. C'est ici, comme partout ailleurs, qu'il faut surtout se garantir & ne pas se laisser prendre aux verbiages de certaines gens, qui, afin d'élever leur idole, abandonnent le vrai pour le faux. Un Médécin, en pareil cas, qui conseille les Eaux minérales à tort & à travers, & sans en savoir la composition, commence d'abord par les décréditer, fait beaucoup de tort à sa réputation, &, qui pis est, finit par faire souffrir le malade, & détruire le peu de santé qui lui restoit.

En général l'usage des Eaux à l'intérieur doit être interdit dans toutes les maladies accompagnées de fiévre aiguë (*b*), excepté cependant les bains, qui peuvent couvenir dans les éruptives, en qualité seulement de bains domestiques tiédes, & comme relâchans, lorsqu'on verroit que le tissu trop serré de la peau, ou les mouvemens vitaux trop forts, s'opposeroient à l'issuë critique de la matière morbifique à travers les pôres cutanés, comme dans les fiévres pourprées, miliaires (*c*), dans la petite-vérole, & quelquefois

---

(*b*) Voyez la Matière médic. extraite du Traité des Médic. de Mr. *de Tournefort*, & des Leçons de Mr. *Ferrein*, Doct. Rég. de Paris, tom. 1. chap. 18.

(*c*) J'appelle fiévres miliaires particulièrerement celles dans lesquelles il se fait une éruption de petites pustules blanches, semblables aux grains de millet, ou de petites vessies de la grosseur d'une tête d'épingle: Celles-ci, appellées *Sudamina*, parcequ'elles ressemblent à des goutes de sueur, ne contiennent qu'une sérosité acre, claire, & s'écrasent facilement sous les doigts; celles-là contiennent une matière plus épaisse & blanche, & résistent plus à sa pression: on les voit communément ces dernières chez les accouchées. Pour ne pas confondre les idées, on ne devroit donner le nom d'éruption pourprée, ou de pourpre, qu'aux pustules qui sont de cette couleur, ou du moins qui en approchent.

dans des cas de convulſion. Quant aux Eaux moins ſulfureuſes, dites mal-à-propos d'Alun, elles peuvent être employées, dans toutes ſortes de circonſtances, ſeulement pour des lavemens ſimples & émolliens.

LES Eaux de l'une & l'autre Source ne doivent point être données, de quelle manière que ce ſoit, aux phtyſiques, à ceux qui ont la fiévre lente, ou qui ſont dans le maraſme; & ſi on les a vû réuſſir quelquefois dans ces cas, (quoiqu'à la vérité rarement) lorſqu'elles ont été coupées avec moitié ou deux tiers de lait; leur bon effet devoit alors plûtôt être attribué au lait, qu'à la petite quantité d'Eau que bûvoient les malades; on ſent aſſez à quel dégré elles augmenteroient la chaleur hectique & l'état colliquatif des humeurs, & combien elles hâteroient la fin de ces malades, en rendant leur ſituation toujours plus triſte. Il eſt, je crois, très-inutile d'avertir que la douche les précipiteroit encore bien plus promptement, ſi on avoit l'imprudence de la leur conſeiller (d).

LES maladies vénériennes ſont auſſi du nombre de celles qui excluent abſolument l'uſage des Eaux; elles en augmentent tous les ſymptômes, & en réveillent ſingulièrement les douleurs : on a même de tout tems obſervé qu'elles ſervoient de pierre de touche à ceux qui avoient quelques ſoupçons d'en être atteints, & que ſouvent elles contribuoient beaucoup à manifeſter les reſtes

(d) Verùm omnimoda cautela in hujuſmodi remediorum delectu adhibenda eſt; nempè ut ſint admodùm mitia, atque benigna, ne ſanguinem calefaciendo, & nimis agitando, atque eo in ſtatum colliquativum, & ſeroſum ulteriùs reducendo, ex accidenti promoveant morbum. *Morton, cap. 6. de indicat. curativ. phtyſ.*

anciens d'un virus caché & en ſilence dans quelques parties du corps, ſurtout ſi les malades prenoient la douche. Ce miaſme de nature, encore peu connu, ne peut apparemment pas s'amalgamer avec les principes qui ſont contenus dans ces Eaux. J'ai connu un Militaire étranger, qui, venant aux Eaux prendre la douche ſur la jambe, pour une chûte de cheval, avoit gagné en route des bubons vénériens, & qui fut obligé de la ceſſer, parcequ'elle les irritoit, & en augmentoit conſidérablement les douleurs. Comme il ne put jamais prendre plus de trois douches, il aima mieux retourner dans ſon pays, pour ſe faire traiter de la maladie nouvelle, & remit à l'année ſuivante la guériſon de ſa jambe.

Il eſt encore d'expérience que les Eaux ſulfureuſes ne conviennent point aux ſcorbutiques, ni à ceux qui ont une tendance à cette maladie; elles augmenteroient la fonte & la diſſolution de la maſſe des humeurs, dévélopperoient & exalteroient leurs ſels acres, & fourniroient au levain ſcorbutique une plus grande abondance de matière. Elles ſeroient de même très-nuiſibles dans les maladies de bouffiſſure, & dans les diſpoſitions particulières à l'hydropiſie : Donner ces Eaux à quelqu'un qui auroit un commencement d'épanchement dans le bas-ventre ou dans la poitrine, ſeroit une imprudence des plus groſſières. On ne doit pas non plus trop les permettre en boiſſon aux perſonnes qui, bûvant beaucoup d'Eau, ne les rendroient pas aiſément par les urines. J'ai vû des malades ſe gorger imprudemment tous les matins de ces Eaux, pendant pluſieurs jours, & s'imaginer que plus ils en boiroient, mieux ils s'en trouveroient. J'ai vû, dis-je, ces malades souffrir des pésanteurs & des foiblesses d'estomac, avoir des gonflemens dans le bas-ventre, ne pas rendre la moitié des Eaux bûës, & se plaindre, pendant tout le jour, d'un mal-aise général : J'en ai vû d'autres qui faisoient parade d'en avoir bû trente à quarante grands verres dans la matinée, sans en avoir ressenti, à la vérité, aucune incommodité pour le moment; mais combien cette grande quantité d'Eau ne doit-elle pas relâcher les fibres de l'estomac, & déranger par la suite les organes destinés à la digestion? D'ailleurs il est bon de faire observer ici, que les Eaux dites d'Alun, étant ordinairement celles que l'on boit le plus souvent; si donc, comme on l'a prétendu jusqu'ici, (& comme j'en ai prouvé le contraire,) ces Eaux contenoient ce sel, même en petite quantité; il ne seroit pas possible que certains malades, qui en boivent jusqu'à six livres & plus dans le matin, même pendant plusieurs jours, n'en fussent gravement incommodés, & ne se ressentissent à la fin de quelques-uns des pernicieux effets dûs à cette substance, quand elle est prise intérieurement (e) : On ne voit cependant rien arriver de pa-

(e) L'Alun est regardé de tous les Médecins comme un minéral très-dangéreux, pris en tant que médicament interne : ils recommendent presque tous de ne pas s'en servir. *Voyez le savant Mr. Lieutaud dans sa Matière Médicale*, T. 2. *pag.* 120. *Mr. Ferrein* dit expressément *qu'il ne faut jamais l'employer intérieurement, vû ses effets consécutifs.* T. 2. *pag.* 359. Et *Cartheuser* s'exprime ainsi : *Ast tutis, me sentiente, atque selectis medicamentis internis, nullo prorsùs modo accenseri meretur. Fundam. Mater. Med. pag.* 120. Je pourrois en citer encore plusieurs autres du même sentiment : d'ailleurs on n'ignore pas les maux que produisent les vins dans lesquels les Marchands mettent de l'Alun, pour les rendre plus clairs où plus fumeux.

reil, elles produiſent, au contraire, beaucoup de bien à ceux qui en uſent, lorſqu'elles ſont indiquées; & ſi elles ont quelquefois été contraires à quelques malades, cela doit plûtôt être attribué à la mauvaiſe application qu'on en a fait, qu'à l'Alun qu'elles ne contiennent pas. Je pourrois encore apporter en preuve l'Obſervation d'un homme pris d'une indigeſtion ſubite, avec de fortes coliques d'eſtomac, & de fréquentes nauſées, à qui je conſeillai d'aller boire en quantité de l'Eau dite d'Alun, (parcequ'elle étoit plus voiſine que celle de Souffre) pour l'exciter à vomir à raiſon de ſa qualité de tiédeur; ce qu'elle opéra merveilleuſement, & le ſoulagea dans l'inſtant. Certainement, ſi cette Eau avoit contenu de l'Alun, elle auroit particulièrement été contraire dans ce cas; car bien loin de procurer le vomiſſement, elle l'auroit plûtôt arrêté, eû égard à la vertu ſtiptique de cette ſubſtance.

CES Eaux ſont dangéreuſes à boire pour ceux qui portent des abcès & qui ont des ulcères internes: au lieu de les ſoulager, elles ne font que cauſer des agitations & des inſomnies, accélérer les progrès & le foyer de la ſuppuration, & augmenter la fiévre qui les accompagne preſque toujours. Ceux qui ont des cancers, ſoit occultes, ſoit ulcérés, ou chez qui les humeurs, portées d'ailleurs à un haut dégré d'acrimonie, auroient en même tems quelques vices locaux, qui pourroient le faire craindre; ceux-là, dis-je, doivent peu ſe jouer avec la douche & la boiſſon des Eaux (*f*); l'une & l'autre pourroient, dans le premier

(*f*) La douche des Eaux de Barèges, ſulfureuſes à la vé-

cas, étendre la masse cancereuse, en augmentant l'inflâmation & la suppuration de l'ulcère; & dans le second, dévélopper le cancer à la partie locale qui en seroit ménacée. Les tempéramens maigres, secs & susceptibles de beaucoup d'irritation & de chaleur, doivent aussi être très-circonspects sur leur usage; de même que les personnes qui, soit par disposition héréditaire, soit par une constitution particulière, sont ménacées des coups de sang, ou ayant quelques dispositions aux affections soporeuses; les épileptiques surtout, dont la cause résideroit dans le cerveau, ne peuvent sans danger, ou tout au moins sans une grande imprudence, qui rappelleroit infailliblement l'accès, s'exposer à l'action de ces Eaux. La douche, agitant & portant le sang à la tête, détermineroit infailliblement la maladie dans toutes ces différentes circonstances. Enfin, il n'est pas moins dangéreux de vouloir user des Eaux, lorsqu'on est sujet à des pertes, crachemens de sang, ou à telle autre hémorragie : Ces Eaux, qui fouettent le sang & en accélérent la circulation, pousseroient toujours plus ce liquide vers le lieu de moindre résistance, & seroient par conséquent très-peu propres à en diminuer l'écoulement. Au reste,

---

rité, & ayant à peu près le même dégré de chaleur que les nôtres, mais qui en diffèrent pourtant rélativement à d'autres principes, produisent cependant des effets admirables dans les vieux ulcères, calleux ou fistuleux, en les ramenant à l'état d'une simple solution de continuité : les Médécins & Chirurgiens, qui sont expérimentés dans la méthode de diriger ces Eaux, les employent même souvent, outre la douche, en injections dans le traitement de tels ulcères. C'est au tems & à l'expérience à décider si les nôtres auroient la même efficacité en pareils cas.

c'est

c'eſt au Médécin ſage & prudent à s'informer exactement de tout ce qui a précédé dépuis longtems, ſoit dans la façon de vivre, ſoit du climat où l'on a vécu, ſoit des affections de l'eſprit & de celles qui ſont héréditaires, ſoit des exercices qu'on a pratiqué: en un mot, de tout ce qui peut concerner le malade, pour découvrir, autant qu'il ſera poſſible, les vraies ſources du mal, & y appliquer le remède avec autant d'efficacité que d'aſſurance.

POUR ne rien omettre de ce qui peut contribuer au ſoulagement des malades, je crois qu'il eſt encore néceſſaire de détruire, rélativement à ces Eaux, un préjugé entretenu par l'opinion de quelques Médécins, & qui s'eſt en conſéquence emparé de l'eſprit du Public : On craint, & on empéche même aux malades d'aller aux Eaux en hyver ou au commencement du printems, ſous prétexte, dit-on, qu'elles ne ſont pas encore bonnes, & qu'elles ſont alors mêlées aux eaux de pluie ou de neige. Cela eſt vrai juſqu'à un certain point ; & l'on doit effectivement y avoir quelque égard : ce mélange affoiblit, ſans doute, les principes qu'elles contiennent, & conſéquemment les vertus qui en dérivent ; étendus dans une plus grande quantité d'eau, qui d'ailleurs charie beaucoup de parties hétérogènes, ils ne peuvent donc avoir une action égale, ni auſſi forte, que celle qu'ils ont dans le fort de l'été, ou dans un tems de grande ſéchéreſſe. Mais lorſque la néceſſité l'exige, & que le cas eſt preſſant, comme dans une paralyſie, un violent rhumatiſme ou autres ſemblables, ces Eaux ſeront toujours aſſez bonnes, auront encore de l'énergie, & ſoulageront toujours, quoique plus lentement que dans une autre saison (*g*). Ce seroit donc une très-grande faute de ne pas les conseiller dans ces tems, & de procrastiner (*h*); surtout si le danger est imminent, ou les douleurs aiguës; la vie & la santé des malades, dépendent souvent de l'application avancée ou retardée d'un remède approprié à leur état (*i*): c'est aux Médécins à déraciner les fausses opinions qui arrêtent les progrès de l'Art, & s'opposent au bien de l'humanité; c'est à eux seuls qu'il convient de détromper le nombre des Raisonneurs sur une Science aussi difficile que vaste, & de déchirer le bandeau qui empéche au vulgaire d'en appercevoir tous les rapports.

COMME l'Analyse de ces Eaux n'a pas seulement été faite pour diriger les malades qui sont dans le cas d'en user, mais encore pour découvrir & indiquer à ceux de l'Art qui les conseillent, & qui peuvent ne pas les connoître, les différentes substances qui y sont contenuës: Je crois, en finissant, pour marcher avec plus de sûreté, & avec un plus grand nombre de moyens au but; c'est-à-dire, à la guérison des malades; je crois, dis-je, être obligé de

---

(*g*) Je ne sais pas même si les Eaux Thermales ne vaudroient pas mieux en hyver qu'en été, si ce n'étoit le mélange des eaux de neige ou de pluye. Il est certain que leur facilité à s'évaporer, étant d'ailleurs moindre dans un tems froid que dans un tems chaud, leurs principes devroient être en hyver plus abondans, bien plus concentrés, & agir avec beaucoup plus de véhémence.

(*h*) Ab omni arte aliena est procrastinatio, sed in Medicinâ potissimùm, in quâ præceps esse solet occasio. *Hypp.* præcept.

(*i*) Je puis assurer que si dans le cas de ma Mère, j'eusse voulu attendre le beau tems de l'annéé 1770, qui fut très-pluvieuse, elle ne vivroit peut-être plus, ou du moins seroit très-impotente.

faire observer qu'on pourroit encore multiplier les ressources dont ces Eaux salutaires sont susceptibles, en proposant certaines petites augmentations, qui déviendroient également avantageuses aux malades & aux habitans.

Ces ressources consisteroient donc à pratiquer au dessous du bassin de chaque Source, trois autres bassins, où l'Eau couleroit des uns aux autres : Dans le premier, c'est-à-dire, le plus voisin de la Source, l'Eau y seroit au 36e. dégré du thermomètre de Mr. de Réaumur; dans le second, au 34e. & dans le dernier, au 30e. Les moïens que l'on devroit employer pour donner à chacun de ces bains, les différens dégrés de température qu'on vient d'indiquer, sont si aisés à imaginer, que je croirois superflu de les détailler. Cette graduation des trois bains, seroit d'un grand sécours suivant la nature des maux : par exemple; on destineroit les plus chauds à baigner les paralytiques, ou les autres malades chez qui il y auroit un relâchement total, & où il seroit nécessaire de faire éprouver au malade toute l'action des Eaux ; & les moins chauds, à être employés pour les malades atteints de douleurs rhumatismales, ou d'autres affections qui exigeroient des bains plus tempérés & une action moins forte : tous ces différens bains, accompagnés en même tems de toutes les commodités nécessaires, seroient, à coup sûr, infiniment plus efficaces que les bains de ces mêmes Eaux pris à la maison, & attireroient une plus grande affluence de malades à Aix, par le plus grand nombre de guérisons qui s'y opéreroient.

On pourroit en outre construire à côté des Sources (*k*), une Etuve pour former des bains de vapeurs : cette Etuve auroit à ſon ſommet une ouverture qui, communiquant avec l'air extérieur, donneroit la facilité de fermer ou non, à volonté, ſelon qu'il ſeroit beſoin de renouveller l'air qui y circule, ou de modérer la chaleur du bain de vapeurs, que l'on gradueroit au 24e. 25e. ou 26e. dégré de chaleur, en bouchant plus ou moins cette ouverture, ſuivant les différens tempéramens & les différentes maladies. Il n'eſt pas douteux que cette eſpèce de remède ſi négligée de nos jours, & dont les Anciens faiſoient un ſi grand uſage, deviendroit un ſécours ſalutaire, qui tiendroit le milieu entre la douche & les bains ; & qu'eû égard à l'influence de l'inſenſible tranſpiration, tant dans les cauſes de nos maladies, que dans leur guériſon, ce bain étant bien connu & bien adminiſtré, ne ſauroit qu'être très-utile dans les traitemens de pluſieurs maladies chroniques.

Quoique j'aye propoſé quelques conjectures ſur certains objets, je les ai néanmoins haſardées ſans prétention ; & ſi mes idées m'ont quelquefois égaré, mon erreur n'en ſera pas moins utile, quoique d'une façon négative, en ce qu'elle pourra ſervir à la découverte de la vérité : j'ai tâché, dans cet Ouvrage, de détailler la méthode & le régime que j'ai obſervé le meilleur dans l'uſage des Eaux d'Aix ; j'y ai adapté les principes de pratique dont je me ſuis en quelque façon nourri à l'Univerſité de Turin, ſous les *Somis*

(*k*) J'ai déja dit ci-devant *à l'Article qui traite des différentes façons de prendre les Eaux*, quelque choſe qui a rapport à l'idée plus rectifiée que je propoſe ici.

& les *Brouardi*, & pendant mon séjour à Paris, en suivant les Cours des *Ferrein* & des *Petit*. J'ai cherché, il est vrai, dans cette Analyse, à déviner le sécret de la nature, quant à la composition de ces Eaux; j'ai employé, pour y parvenir, les moïens de la Chimie que j'ai crû les plus propres; je me suis étayé des élémens de cette Science, puisés aux leçons des *Rouelle* & des *Macquer*; mais je n'oserois cependant pas encore me flater d'y avoir réussi complétement. Il n'appartient qu'à ces Maîtres de pénétrer de pareils mystères, & aux *Monnet* & *Le Roy* de manier & se servir avec succès des agens chimiques, pour découvrir jusqu'aux plus petits corps flottans dans ces Eaux. J'ai fait en sorte que mon Ouvrage ne dévînt pas un objet de pure curiosité, en dirigeant mes vûës en même tems à la pratique de Médécine; c'est-à-dire, à diminuer la somme de nos infirmités; persuadé que ce doit toujours être la perspective du Médécin philosophe. Si j'ai manqué mon coup, je n'en serai pas surpris; *vita brevis, ars longa, occasio præceps, experientia fallax, judicium difficile* (l); la droiture de mes intentions me servira du moins de satisfaction, & je serai toujours amplement dédommagé, si, après avoir jetté un coup d'œil sur mon travail, & suivi ce que j'y ai indiqué, il se trouvoit seulement un malade qui en reçût quelque soulagement à ses maux.

(l) *Hypp. Aphor. 1. sect.*

FIN.

Vû. Est permise l'Impression. Chambéry, ce 11 Juillet 1772.
DIDIER, pour la Grande Chancelerie.

TABLE
De l'Analyse des Eaux d'Aix.

ERRATA.

Préface, *pag.* III. *lig.* 7, s'il n'y pas ; *lisez*, s'il n'y a pas.
Préliminaires, *pag.* X. *lig.* 12, médécinale ; *lisez*, médicinale.
Pag. 11, *lig.* 21, le Allobroges ; *lisez*, les Allobroges.
Pag. 15, *lig.* 17, du lieux ; *lisez*, du lieu.
Pag. 68, *lig.* 10, inférieur ; *lisez*, inférieure.
Pag. 146, *l* 7 *de la note* (g), in moribus ; *lisez*, in maribus.
Pag 171, *lig.* 14, couvenir ; *lisez* convenir : *même pag. à la note* (c), *lig.* 8, on les voit ; *lisez*, on voit.

www.ingramcontent.com/pod-product-compliance
Ingram Content Group UK Ltd.
Pitfield, Milton Keynes, MK11 3LW, UK
UKHW012214240726
13966UKWH00002B/748

9 782011 311030